A Estética do Objetivo

**Coleção Debates
Dirigida por J. Guinsburg**

Equipe de realização — Tradução: Antônio de Pádua Danesi; Revisão de texto: Edméa Garcia N. Danesi; Revisão de provas: Angélica Dogo Pretel e Vera Lúcia B. Bolognani; Produção: Plínio Martins Filho.

**aldo tagliaferri
A ESTÉTICA
DO OBJETIVO**

EDITORA PERSPECTIVA

Título do original italiano
L'Estetica dell'Oggetivo

Copyright © Giangiacomo Feltrinelli Editore, Milano

Direitos em língua portuguesa reservados à
EDITORA PERSPECTIVA S.A.
Av. Brigadeiro Luís Antônio, 3025
01401 — São Paulo — Brasil
Telefone: 288-8388
1978

SUMÁRIO

    A Estética do Objetivo 9
1. O Sujeito Coletivo *a priori* 21
2. História e Historiografia 31
3. Diacronia e Sincronia: Da Lingüística à Estética 43
4. Estrutura e Contingência na Arte 63
5. Sobre a Gênese da Linguagem 85
    Conclusão 97
    Dois Conceitos de Tradição 101

O presente volume contém dois ensaios. O primeiro, dedicado à estética estruturalista, nunca foi publicado. O segundo ("Dois Conceitos de Tradição"), mais breve, foi publicado parcialmente em *Il Verri* (nº 19). Delineiam-se no texto as correlações que ajudam o leitor a enquadrar os dois ensaios em uma única perspectiva.

Para facilitar a consulta dos textos de Claude Lévi-Strauss, fizemos referências às seguintes edições, em nosso ensaio mencionadas, para brevidade, com siglas aqui indicadas entre parênteses: *Il pensiero selvaggio*, tradução de Paolo Caruso, Milão, Il Saggiatore, 1964 (PS); *Introduzione a Teoria generale della magia*, de Marcel Mauss, tradução de Franco Zannino, Turim, Einaudi, 1965 (*Introduzione*); *Colloqui con Georges Charbonnier*, tradução de Bianca Garufi, Milão, Silva, 1966 (*Colloqui*); *Il crudo e el cotto*, tradução de Andrea Bonomi, Milão, Il Saggiatore, 1966 (CC); *Antropologia strutturale,* tradução de Paolo Caruso, Milão, Il Saggiatore, 1966 (AS); *Razza e storia e altri studi di antropologia,* tradução de Paolo Caruso, Turim, Einaudi, 1966 (RS).

A ESTÉTICA DO OBJETIVO

A atual escassez de teorizações estéticas em nossa cultura apresenta aspectos paradoxais. De um lado, a impossibilidade de fundar uma estética é atribuída àquela ausência de sistematicidade, de unidade e de universalidade que todos concordam em ressaltar no pensamento filosófico moderno, à ausência daquela Filosofia que, como reconhece Sartre, "o nosso tempo não conheceu". Todavia, essa relativa ausência de uma filosofia tem sido tão ampla e profundamente teorizada que nos leva a conclusões que colocam radicalmente em crise uma noção específica de filosofia, substituindo-a por outra ou, antes, por outras. Pelo contrário, a crise, por assim dizer, reflexiva das teorias estéticas nada mais fez do que reproduzir a *par destruens* do pensamento contemporâneo. De outro lado, na prática, aparatos idiomáticos típicos da linguagem estetológica são empregados com freqüência para tratar de problemas visivelmente parciais e menores e que às vezes também se constituem em ocasião própria para a invenção de tais aparatos. Parece-nos, pois, que esteja faltando uma verificação tão interessante quão necessária. Antes de tudo, caberia averiguar se essa fragmentação dos interesses e teorizações estéticas realmente corresponde a um exasperado subjetivismo; ou se, ao contrário, já pela divisão em si, já pelas tendências e conclusões a que por força tais tratamentos conduzem, não seria necessário encarecer a implícita aceitação de uma criptoestética própria e verdadeira, ainda que não totalmente formulada; ou, em suma, verificar se subjetivismo e relativismo não são apenas aparentes e se não respondem a uma oportunidade precisa e comum para se dispor de um material praticamente infinito, bem como dos meios para a análise desse material, ao preço de tolerar uma infundada mas indispensável e independente objetividade desse material e desses meios. Neste caso, efetivamente, em vez de uma extrema liberdade para a fundação estética teórica, ter-se-ia uma coação exercida por algo bastante abstrato, mas nem por isso bastante consciente e verificável filosoficamente. Talvez, para todas as atitudes estéticas que, pelo menos *a posteriori*, pertencem a uma certa "moda", uma unidade exista e seja objetiva; e quiçá tanto a aparência de desfolhamento subjetivístico quanto o próprio fato de indicar-lhe a responsabilidade não sejam senão disfarces de um objetivismo e de uma irresponsabilidade com derivações e tendências bem determinadas. Neste caso, seria precisamente o assentamento de uma prática subjetiva e individual no exercício da faculdade da fruição estética e do juízo sobre essa fruição que abriria o caminho para a instauração de um condicionamento coletivo do gosto e dos métodos de juízo.

Se considerarmos que valores sociais e avaliações estéticas são interdependentes, obviamente nos interessará também a possibilidade de encontrar um paralelismo entre a aparência de liberdade das escolhas consumísticas e políticas e a oculta e coercitiva "persuasão", de um lado, e a aparência de individualismo subjetivo na avaliação estética daquilo que é dado e a *daticidade* abusivamente objetiva dos "dados estéticos", de outro. Todavia, parece-nos aqui oportuno insistir na individuação de uma provável base comum àquelas teorias mais próximas da estética que foram formuladas por alguns pensadores, lingüistas, estruturalistas ou metodólogos e que ultrapassam, de diversos modos, a impostação filosófica, digamos, tradicional.

Por duas vias, parece-nos, o empenho de uma fundação estética ou, pelo menos, de uma prática de juízo subjetivo e criticamente motivado vem sendo rodeado e eludido: uma, escolhida pelo estruturalismo, consistindo em construir uma estética a partir do interior de um determinado campo de interesse e competência; e outra, adotada por outros pensadores, consistindo em renunciar explicitamente a quaisquer pretensões estetológicas, limitando-se a problemas de poética e de método.

O que uma e outra têm em comum é antes de tudo o desequilíbrio entre a exigüidade e a nítida delimitação, inicialmente explicitada, do campo de atividade e validade da própria indagação e a extrema inclusividade (ou, dirão eles, fecundidade) que numa segunda etapa essa área revela possuir. A legitimidade dessa inclusividade é tanto mais duvidosa quanto mais o limite colocado tende a impedir a ingerência de um controle filosófico.

Obtidas as duas áreas, uma interna à própria especulação, outra inteiramente externa a ela, a primeira conseqüência evidente é a impossibilidade de resolver em unidade dialética precisamente aquilo que se deseja manter separado. E aqui tem início uma segunda etapa: a pequena área, pré-escolhida pela autolimitação, não permanece um campo de análise, de aplicação de um método, mas revela-se um eventual campo de adestramento de um método. No entanto, tal juízo é superficial: seria mais exato afirmar que essa mesma área pré-escolhida é que coincide com um método, o qual, obviamente, não poderia encontrar aplicação senão fora de si mesmo. A operação metódica desenvolve-se, ao mesmo tempo, em movimento centrípeto e centrífugo: o campo é certamente restrito, mas a tal ponto que se transforma em um ponto de vista privilegiado para contemplar, analisar e ordenar tudo o que foi posto, por construção, fora dele. A construção de que falamos assemelha-se, em certo sentido, à construção de uma espécie de sujeito: o método, esse sujeito-robô, esse agente programado, também é executado pelo programa objetivo, mas esse programa, por sua vez, resulta precisamente da autolimitação do programador que produziu o método. Em outras palavras, quem escolhe os limites de um método não escolhe um limite externo, mas um pensamento em si limitado. Contudo, o pensamento limitado é ao mesmo tempo um pensamento limitante. Além disso, o método tem a autonomia de um sujeito, autolimita-se a método, e exatamente na medida em que se impõe os seus próprios limites internos é que estes são colocados como limites externos. O método não encontra esses limites mais fora do que dentro e é, portanto, ao mesmo tempo independente e objetivo, no sentido de que é objetiva a indiferença entre sujeito e objeto, podendo estender-se sem jamais tocar os próprios limites, precisamente porque esses mesmos limites o impedem de aprofundar-se em si mesmo. A delimitação e a separação determinam o privilegiamento do método mais ou menos como ocorria na operação mágica pela qual o arúspice escolhia, dentro de uma cornija ao mesmo tempo imaginária e rigorosa, um retalho de céu onde isolava os acontecimentos através dos quais extraía os auspícios. O retalho era ao mesmo tempo uma limitação abstrata do campo real passível de observação e uma janela que se abria sobre o mundo e através da qual este se tornava compreensível e interpretável: a própria limitação do relevamento, como ocorre em todos os traçados mágicos, privilegiava o fato como revelação. O que, nele, se levava em conta, era totalmente objetivo e independente, um conjunto, em suma, estritamente evêntico, como a passagem inesperada e imprevisível de algum volátil; e a *verdade* do vaticínio fundava-se na própria proporção entre os dados (as modalidades do evento, minuciosamente analisadas da maneira mais gratuita e, ao mesmo tempo, objetiva) e a aplicabilidade ilimitada da revelação. E não se poderia objetar que o vaticínio se referia ao futuro enquanto o método operativo se refere ao presente, porque ambos subsistem enquanto suspendem o fluxo do tempo e tornam inútil a intervenção do sujeito um antecipando o porvir e objetivando a escolha, outro indiferenciando as articulações diacrônicas e suspendendo do par toda escolha subjetiva.

Quando Jean-François Revel critica Lévi-Strauss (cujo pensamento será aqui o principal acusado) pelo fato de tirar demasiadas conclusões de um levantamento de dados excessivamente restrito, de inverter a construção piramidal do conhecimento científico, toca numa verdade essencial sobre o estruturalismo, mas parece ter a fraqueza de acreditar que uma base mais larga teria conduzido a um diferente vértice[1]. Não o cremos. As conclusões do estruturalismo são metodologicamente preconcebidas. As verdadeiras estruturas, em Lévi-Strauss, são aquelas hipóteses que antes de tudo permitem a própria concepção da estrutura. Se a etnologia constitui o pequeno campo de observação, separado e privilegiado, de Lévi-Strauss, acusar o etnólogo de ter tirado apressadas conclusões estetológicas e filosóficas a partir de uma pressurosa análise etnográfica equivale a acusar o arúspice de ter provocado uma derrota em batalha por não haver perscrutado o fígado com a necessária diligência.

Não se pode demonstrar, pela contraditória tomada de posição de Lévi-Strauss, que ele prefira ser considerado um filósofo ou um antifilósofo, um inovador da própria concepção de conhecimento ou um etnólogo que cultiva amplos interesses culturais. O certo é que, quando encostado à parede, sempre lhe é cômodo proclamar-se um etnólogo, à maneira do nosso arúspice que, entre os sobreviventes derrotados, para alívio das próprias responsabilidades apontasse o dedo para as vísceras do animal. Revel, que pretendia esclarecer pelo menos o ponto acima citado, é por isso maltratado, pelo menos fantasiosamente, pelo etnólogo em algumas páginas da *Antropologia Strutturale* (Antropologia Estrutural, 371-4); mas, replicando, formulava ele, por sua vez, entre outras, algumas considerações críticas que fizemos nossas na elaboração do presente ensaio. Quaisquer que sejam as lacunas da competência etnológica de Revel (competência de resto não contestada pelo interessado), tudo quanto lemos de e sobre Lévi-Strauss nos induz a perfilar as três teses seguintes: 1) o tipo de especulações a que Lévi-Strauss se dedica "déborde énormement la spécialité de l'ethnographe sur le terrain"*; 2) pode-se desde logo falar de um "aspect philosophique de l'ouevre de M. Lévi-Strauss"**; e, sobretudo, 3) Lévi-Strauss "s'appuie en

1. JEAN-FRANÇOIS REVEL, *La Cabale des Devots*, Paris, 1962, p. 93.

* Transborda enormemente da especialidade do etnógrafo no terreno. (N. do T.)

** Aspecto filosófico da obra do sr. Lévi-Strauss. (N. do T.)

13

somme, à la fois, sur le prestige du grand théoricien spéculatif et sur l'immunité de l'humble catalogueur de faits très spéciaux, et, suivant les besoins de l'argumentation, il se présente tantôt sous les traits de l'un, tantôt sous les traits de l'autre"[2]*. Aos protestos do etnólogo, que acusa Revel de ter tripudiado de seus "pequenos campos" (AS, 371), podemos, de maneira introdutória, contrapor precisas e coagentes afirmações do primeiro: por exemplo, no prefácio de *Il Pensiero Selvaggio* (O Pensamento Selvagem), prenunciando a polêmica com Sartre, admite ele um terreno comum, conquanto em desacordo com este último, em "certos pontos que dizem respeito aos fundamentos filosóficos da antropologia"; e no *Elogio Dell'Antropologia* (Elogio da Antropologia), retomando o juízo de Merleau-Ponty segundo o qual o sociólogo "faz filosofia espontaneamente", acrescenta: "Ao contrário do que a aparência sugere, pensamos que a etnologia se distingue da sociologia por seu método mais estritamente filosófico" (RS, 75).

Numa entrevista concedida em 1963, confirmava Lévi-Strauss essa aspiração com declarações explícitas e comprometedoras, que levamos em conta ao formular a nossa crítica à estética filosófica estruturalista:

> Estou convencido de que na medida em que conseguirmos descobrir no pensamento mítico leis que pertençam ao mesmo tipo das leis da linguagem conseguiremos, por assim dizer, fazer 'retroceder' a filosofia (no sentido que tentei há pouco esclarecer) de modo substancialíssimo, portanto teremos demonstrado que aquilo que na aparência é o elemento mais arbitrário do pensamento humano é também, na realidade, rigorosamente determinado[3].

Para ilustrar o momento oposto da oscilação, aquele da asserção defensiva, basta recordar ao leitor a desarmante resposta dada às críticas de Revel, que o acusava de "achatar a realidade social", na qual pede

---

2. *Ibid.*, pp. 93 e 97.

* Lévi-Strauss apóia-se, em suma, ao mesmo tempo no prestígio do grande teórico especulativo e na imunidade do humilde catalogador de fatos especialíssimos, e, segundo as necessidades da argumentação, apresenta-se ora sob os traços de um, ora sob os traços de outro. (N. do T.)

3. «Intervista a Claude Lévi-Strauss», por Paolo Caruso, *Aut Aut*, n. 77, 1963, p. 44. Anteriormente, o etnólogo havia declarado: «Haverá sempre uma filosofia. Mas parece-me que o âmbito de legitimidade e inevitabilidade da filosofia é precisamente o dos problemas ainda não resolvidos pela ciência» (p. 35).

para ser julgado com base no valor operacionista de sua tipologia dos sistemas de parentesco, referindo ao interlocutor o fato de que nunca se ocupou com "filiação patrilínea"; e deste pequeno contraforte, sentindo-se seguro, lança a sua contra-ofensiva: "...cabe-me agora gritar-lhe: sim, de fato, para que servem os filósofos?" (AS, 374).

Todavia, essa trégua tática e insidiosa era, como o próprio autor esclarece, temporária e funcional: "No entanto, se *O Pensamento Selvagem* constitui uma espécie de pausa em nossa tentativa, é unicamente porque tivemos de recuperar o fôlego entre dois esforços". E continua: "... estávamos decididos a nunca nos afastar demasiadamente de nosso caminho e — salvo para uma caça miúda —, a não nos aventurar na muito bem guardada reserva de caça da filosofia..." (CC, 24-25). Qualquer que seja o escopo dos esforços e como quer que ele permaneça, é bastante evidente: não contentar-se com uma "caça miúda", mas apoderar-se completamente daquele livre-pensamento que ele vê como uma "reserva", ou seja, transformar realmente a filosofia no recinto-prisão, no parque nacional do espírito que ele, projetando sua própria mentalidade e ambição, imagina que ela seja: "Sobretudo, permanece imutável o objetivo de (...) reduzir dados aparentemente arbitrários a uma ordem, atingir um nível em que se revele *uma necessidade imanente às ilusões de liberdade*" (CC, 25; o grifo é nosso). Essa *redução à ordem* constitui um princípio da estética objetiva igualmente característico do princípio da limitação privilegiante, e é também um nível de operação deste último; é expresso num tom bastante drástico, conveniente à natureza da declaração, por Lévi-Strauss:

> Um critério ordenativo, qualquer que seja ele, tem sempre um valor em relação à ausência de todo ordenamento (PS, 22); Qualquer ordenamento é sempre superior ao caos (PS, 28).

Ademais, fazendo sua uma avaliação de Simpson, o etnólogo oculta as finalidades estetológicas implícitas na afirmação:

> a taxionomia, que é o critério ordenativo por excelência, possui um eminente valor estético (PS, 26).

Esperamos não ser demasiadamente sensível ao leitor o afirmarmos que essa tomada de posição a favor de um valor pragmático superior da ordem *tout court* conserva, para nós, boa parte das implicações ideológicas fascistas, de que ela própria seria portadora, com toda evidência, caso fosse assumida no campo sociológico ou político, pois acreditamos que nada é mais determinado ideologicamente do que a ausência de ideologia. Neste sentido, a taxionomia eleita como um valor em si aparece como aquilo que de mais arrogante e superficialmente conciliatório um método poderia constituir. Afirmar que a liberdade é uma ilusão subtrai o pensamento estético à relação dialética entre a ordem e o caos, que pode realizar-se apenas nos modos determinados e históricos e na qual o caos assume valor de verdade através da ordem na medida mesma em que a ordem adquire o valor de verdade através do caos.

Detivemo-nos neste ponto por concebermos que é exatamente através dessa posterior redução a valor operacionista que o pensamento estruturalista tinha a maior possibilidade de deixar duradouras conseqüências na cultura contemporânea. Convencidos de que os escritos de Lévi-Strauss nunca teriam alcançado a extraordinária difusão de que desfrutam nem a ampla influência que atualmente exercem se o seu conteúdo não extrapolasse de norma os limites da pura pesquisa etnológica, e convencidos ainda de que neles se procede com hipóteses, como vimos, ora abertamente formuladas, ora subentendidas numa fundação filosófica do processo de constituição dos "modelos mecânicos" que são as estruturas, empreendemos sondar sobretudo as questões de método, dedicando particular atenção às passagens em que Lévi-Strauss aborda, com diferentes incidências, o problema da estética. Refutando criticamente a tomada de posição desse autor, que mesmo teorizando, quando lhe apraz, sobre o método se recusa a ser taxado de teórico (a não ser da etnologia) e para o qual,

à diferença do filósofo, o etnólogo não se sente coagido a assumir como princípio de reflexão as condições de exercício do seu próprio pensamento (CC, 26),

tentamos então traçar, acompanhando o autor nas suas diversas explorações, uma demonstração da função fundante, nos planos filosófico e estético, de suas hipóteses e do uso dessa função em suas próprias obras.

Não são poucos os estudiosos de filosofia que se ocuparam dos problemas atinentes à fundação das hipóteses de Lévi-Strauss, e tais investigações, como se verá, foram por nós levadas em consideração de modo vário, sem a pretensão de exaurir a exposição, contrários que somos aos estudos que pretendem ter o valor de catálogos e aos catálogos que pretendem ter o valor de estudos. Retomamos também alguns resultados aos quais havíamos chegado num ensaio precedente, às vezes para elaborá-los e ampliá-los[4].

Merecem especial atenção alguns realces críticos feitos por Umberto Eco, autor de um documentadíssimo volume em chave semiológica sobre as teorias estruturalistas[5]. Com muita propriedade, a nosso ver, Eco constatou nas obras levistraussianas uma "rápida passagem de uma concepção operacionista a uma concepção substancialista", sublinhando que "o tecido conectivo de toda indagação estrutural" *"é a presença de um pensamento objetivo"*[6]. Também nós chegamos a esta última conclusão, seguindo porém outros caminhos e atribuindo uma importância central ao exame crítico da relação sujeito-objeto tal qual ela é colocada pelo etnólogo. Todavia, a conclusão definitiva do capítulo dedicado por Eco ao pensamento de Lévi-Strauss exprime bem uma diferença em relação ao nosso ponto de vista, que pretendemos indicar claramente. Escreve pois Eco:

> Descoberta imóvel e eterna (intemporal) nas próprias raízes da cultura, a Estrutura — que de instrumento se fez Princípio Hipostatizado — determina também o nosso modo de avaliar o desenvolvimento e a história[7].

O aspecto negativo dessa posição estruturalista se concentra, para o comentarista, em uma hipóstase do instrumento, considerada como não necessária, sucessiva e acessória em relação à individuação do próprio instrumento. Eco aceita a limitação, mas não o privilegiamento; a atividade, mas não o método dessa atividade. Este segundo ponto resulta ainda melhor nesta outra conclusão:

> a assunção rígida de um método estruturalista, que se hipostatiza em filosofia teorética e por fim em metafísica, leva à

4. Cf. ALDO TAGLIAFERRI, *Beckett e l'iperdeterminazione Letteraria*, Milão, 1967.
5. UMBERTO ECO, *La Struttura Assente*, Milão, 1968. (Trad. bras.: *A Estrutura Ausente*, São Paulo, Ed. Perspectiva, 1972, Estudos 6).
6. *Ibidi.*, pp. 291 e 294.
7. *Ibid.*, p. 301. A acusação de ontologismo, feita por Eco, é apoiada pelas pesquisas de Dufrenne, que, deduzindo as relações entre o estruturalismo e outras formas de positivismo acentuadamente anti-humanista, sustentou recentemente: «Le positivisme contemporain, en France, est en effet une philosophie du concept — exquisement relevée d'épices heideggeriennes». MIKEL DUFRENNE, *Pour l'Homme*, Paris, 1968, p. 30.

incompatibilidade entre estruturalismo e procedimentos da arte contemporânea. Portanto, será lícito falar de 'atividade estruturalista', a fim de ficar bem claro que essa atividade nada tem em comum com a metodologia estruturalista[8].

Conservamo-nos estranhos, neste trabalho, ao nível operativo, às "premissas operacionistas" que se encontram no âmago do pensamento de Eco, persuadidos que estamos de que a atividade estruturalista tem muito em comum — especialmente ao nível de sua teorização, ou seja, aquele de que Eco se ocupa — com a metodologia estruturalista. Ademais, se insistimos em precisar isso, é porque reconhecemos o perigo de que, depois de um primeiro período, felizmente encerrado, de aceitação integral e entusiástica do estruturalismo, do mesmo modo seja rejeitado precisamente aquilo que constitui o traço da operação completa de Lévi-Strauss, enquanto menos defensável filosoficamente, para conservar, ao contrário, purificada de toda matriz ideológica e filosófica aquela parte que é o produto dessa mesma matriz. Exatamente aquela cicatriz, que deturpa o aspecto teorético do pensamento objetivante, é que constitui a única testemunha de uma violência exercida no corpo vivo de uma realidade constituída antes de tudo pela subjetividade humana, sendo por conseguinte uma garantia contra a possibilidade de se aceitar, como de início receávamos, um material infinito para as indagações, mas estendido apenas em duas dimensões, e uma independência objetiva desse mesmo material. A Estrutura que Eco refuta, nada mais é do que o resultado de uma refutação filosófica daquela estrutura que ele, ao contrário, aceita. Nesse sentido, a Estrutura, com a depreciativa maiúscula, é um conceito que comporta, no vocabulário de Eco, uma contestação conduzida em nome da própria estrutura ou, se se quiser, o significado de uma contraposição entre estrutura e Estrutura-como-superestrutura. Mas por este caminho o estruturalismo é levado a um completamento aperfeiçoado e fortificado: a sua validade torna-se totalmente autônoma por meio daquele ulterior limite que Lévi-Strauss tivera a fraqueza de transpor, e este posteriormente ganha em extensão de aplicabilidade externa na medida em que renuncia a refletir sobre si mesmo. Não pretendemos negar a legitimidade de se propor uma poética, operar criticamente ou efetuar levantamentos estatísticos independentemente de toda

8. *Ibid.*, p. 267. O grifo é do autor.

fundação filosófica. Mas uma coisa é o nível de operar, e outra aquele em que o operar é proclamado como independente e autônomo; no primeiro caso, segue-se uma operação crítica determinada, ou uma determinada criação; no outro, teoriza-se um nível operativo. Eco não ambiciona propor poéticas a título pessoal, nem lhe agrada empenhar-se em operações e avaliações de crítica textual, a não ser a título exemplificativo, de qualquer módulo objetivamente presente na cultura e que pode ser classificado e catalogado: o nível do seu operacionismo é, portanto, abstrato, e sua práxis é uma práxis por assim dizer refletida. Portanto, o fato de teorizar a legitimidade de um nível operativo constitui, sem dúvida, uma operação, mas esta, enquanto explicitamente remete a própria fundação a outro local, implicitamente se autofunda. De fato, a abstração de um nível operacionista antecedente à fundação filosófica estabelece um princípio, que não é apenas operativo: o da possibilidade de antepor algo de teórico à fundação filosófica; um princípio, portanto, fundante. Independentemente da fundação estética, é legítimo operar, e não teorizar sobre o operacionismo ou a positividade de sua independência.

Por todas essas razões, reconhecendo embora dois perigos distintos para o pensamento estético contemporâneo, nossa orientação é a de remontar tanto quanto possível à origem comum dessas ameaças; e assim fazendo confiamo-nos, como a uma pista mais segura, às mais explícitas afirmações estetológicas e filosóficas de Lévi-Strauss, para documentar um caminho que não muda de percurso mesmo se, continuando-o, rejeitamos o seu ponto de partida ou de chegada; o nosso escopo é indicar ao sujeito, através do empenho estético, a propriedade e a responsabilidade do seu próprio pensamento. E como acreditamos, em concordância com Sartre, que o problema de fundo é, ainda hoje, o de "pensar contra a história"[9], definimos como *histórico* o sujeito de que nos ocupamos, de acordo com a afirmação marxista segundo a qual a realidade externa pode condicionar e transformar o homem na medida mesma em que o homem pode condicionar e transformar a realidade externa.

9. JEAN-PAUL SARTRE RÉPOND, *L'Arc*, n. 30, 1966. Essa entrevista concedida por Sartre foi publicada em italiano em *Il canguro*, n. 4, mar-abr/1968.

1. O SUJEITO COLETIVO *A PRIORI*

A maioria dos homens "sem religião" compartilha ainda das pseudo-religiões e das mitologias degradadas.
MIRCEA ELIADE, *O Sagrado e o Profano*.

Uma sucessão temporal de estados de ser pressupõe um sujeito a que eles se refiram, enquanto uma sucessão espacial implica tendencialmente uma multiplicidade de sujeitos. Portanto, um primeiro problema a resolver poderia ser o seguinte: o sujeito é tal unicamente sob a condição de ser sempre individual? Com efeito, pode-se ter um sujeito coletivo — uma classe, uma tribo, uma sociedade — e pois, pelo menos aparentemente, não individual; ou então um sujeito individual e ao mesmo tempo não individual (por exemplo, o inconsciente na acepção junguiana). Trata-se, em suma, de resolver a seguinte questão:

os sujeitos gramaticais só são promovidos a sujeitos históricos se exprimirem uma individualidade humana e consciente?

Poder-se-ia responder que os sujeitos, considerados enquanto soma, fazem parte da história somente *a posteriori,* enquanto se somam somente *a posteriori* e que, conseqüentemente, os sujeitos coletivos (classes, tribos, nações, etc.) são abstrações, ou melhor, possuem uma individualidade abstrata. O comportamento da tribo ou a luta de uma classe social suporiam, aprioristicamente falando, as "antecipações" da existência de um sujeito coletivo que, na realidade, existe apenas *a posteriori.* Depois da distinção entre sujeito individual e sujeito coletivo, portanto, propõe-se uma nova distinção entre sujeito coletivo *a posteriori* e sujeito coletivo *a priori.*

Tomemos um exemplo: a revolução de classe, como objeta Harold Rosenberg num conhecido ensaio, necessita de um ator que a desencadeie, de um sujeito[1]. Rosenberg não vê tal sujeito, mas tampouco coloca o problema de como vê-lo, se individual ou coletivo, e das implicações dessa distinção. Althusser, que tem o mérito de considerar, pelo menos no ensaio *Contraddizione e Sur Determinazione* (Contradição e Superdeterminação)[2], o sujeito como necessário, enfrenta o problema de maneira um tanto mais prática; assim, sem adentrar nas conseqüências da dicotomia entre *a priori* e *a posteriori,* divide, prática e justamente, as forças em duas, com os atores em campo: a revolução tem êxito em conseqüência do concurso de dois elementos, um constituído por dados de fato objetivistas acerca da situação social no ser (classe revolucionária e classe conservadora, consideradas como sujeitos coletivos *a priori*), outro pela con-

---

1. HAROLD ROSENBERG, *I Romani Risorti,* agora em *La Tradizione del Nuovo,* trad. it., Milão, 1964.

2. Esse ensaio acha-se agora incluso em LOUIS ALTHUSSER, *Per Marx,* Roma, 1967. É indubitável, do nosso ponto de vista, que nos próprios ensaios de Althusser a teoria da superdeterminação se volta contra o sujeito. Uma convincente análise crítica da posição de Althusser encontra-se no ensaio de FRANCO FERGNANI, Marxismo Senza Uomo, *Il corpo,* n. 6-7, 1968. A propósito da polêmica de Althusser contra toda intersubjetividade antropológica, objeta, entre outros, Fergnani: «Cumpre apenas recordar que o reconhecimento do estado de reificação e a perspectiva que chamaremos de assintótica da sua supressão remetem necessariamente a uma idéia de subjetividade, e todo discurso crítico sobre a reificação, bem como todo empenho prático de de-reificação que não se refiram a ela estarão desprovidos de qualquer significado» (p. 487).

tribuição de sujeitos das escolhas e das ações coincidentes e somáveis apenas *a posteriori,* e aprioristicamente considerados individuais. A verdade não é muito diversa, embora deva ser diversamente exposta. Também a classe organizada e o partido político são a soma resultante *a posteriori* das escolhas de um grande número de sujeitos individuais. Todavia, a esta perspectiva, digamos, humanista, acrescenta-se a oportunidade funcional da abstração, ou seja, de um sujeito coletivo *a priori* que funcione como um emblema em condições de estimular a unidade, antecipando-a. A consistência e a alternância dessas duas possibilidades é necessária e, conforme veremos num outro nível, inerente à própria subjetividade dialética. Ao contrário, tem-se uma involução quando o sujeito é totalmente substituído ou assimilado por leis "históricas" objetivas e inelutáveis, ou *personae* sintetizadoras *a priori* (cf. culto da personalidade), que deveriam fatalmente garantir o advento ou a tutela da revolução. Seja como for, o exemplo serve apenas para esclarecer, pelo menos parcialmente, a distinção entre coletivo *a priori* e coletivo *a posteriori,* e a sua oportunidade.

O sujeito coletivo *a priori* é característico das sociedades que Lévi-Strauss define como "frias". Nas sociedades "quentes" a soma é feita de preferência *a posteriori,* em decorrência dos atos de livre-escolha dos sujeitos individuais. A relação entre os dois tipos de sujeito, *a priori* e *a posteriori,* é extremamente problemática e sobrepõe-se à relação entre consciente e inconsciente. Mas aqui importa sublinhar que numa sociedade "fria" o papel do sujeito coletivo *a priori* é decididamente revestido de uma *persona* sintetizadora; na prática, tal função sintetizadora pode ser explicada por um indivíduo, por uma divindade ou por uma lei; porém, essas diferenciações não comportam, a nosso ver, modificações substanciais na natureza da *persona.*

A civilização "fria", aquela que J. Évola, com maior coerência reacionária, evoca nostalgicamente como civilização de caráter "acrônico", como civilização do *ser,* como civilização espacial, reflete essencialmente a eternidade de tipo cíclico, onde a diacronicidade, apesar de admitida, é considerada ilusória, reabsorvida no sincrônico[3]. O verdadeiro fundamento da civilização espacial é o eterno presente do nume: a civilização "fria" é uma civilização de tipo religioso, e a nostalgia por esse tipo de civilização é uma forma, declarada ou não, de religiosidade. O sujeito coletivo *a priori*, que em Lévi-Strauss assume a forma de lei universal e objetiva, é possível na medida em que o sujeito individual se faz opaco para si mesmo e se contempla projetado em uma outra *persona* sintetizadora. Isso pode ser claramente constatado em uma passagem dos *Colloqui* (p. 36), em que de uma ambígua afirmação de Lévi-Strauss, Charbonnier extrai uma definição que aquele logo aceita:

> L.S.: — A sociedade começa com a purificação de todos os motivos de discórdia; somente depois de refrescar-se, rejuvenescer e eliminar todo desacordo é que o grupo está pronto para tomar uma decisão que poderá ser unânime e exprimir assim a boa vontade de todos.
>
> C.: — Em outras palavras, se bem entendi, o estado de unanimidade não depende da decisão. Acredita-se antes em um estado de unanimidade que em seguida se aplicará na decisão a tomar.
>
> L.S.: — Exatamente (...).

A consciência centralizada na *persona* sintetizadora separa-se da subjetividade do indivíduo e liga-se, através do símbolo *personal* da divindade, a um sujeito coletivo *a priori*. Enquanto individualização simbólica de um sujeito coletivo *a priori*, a divindade tende a adquirir uma absoluta autonomia, e, obviamente, o fato de a *persona* apresentar-se com os aspectos não do deus legislador, mas, diretamente, da Lei pode passar por testemunha de uma atitude arreligiosa apenas para um positivista ingênuo. Como todas as personagens (*que são sujeitos enquanto agem por mandato da subjetividade que os criou e objetos enquanto esta subjetividade neles refletida é somente um fingimento que pode ser suspeitado pelo espectador*), a *persona* divina é simultaneamente um sujeito e um objeto. Deus é indiferença entre sujeito e objeto exatamente enquanto absoluto, *ab-solutum*, separado da subjetividade individual do homem. A consciência faz-se outro sujei-

---

3. J. ÉVOLA, *L'Arco e la Clava*, Milão, 1968. Com esta conclusão coerente: «A 'consciência histórica', inseparável da situação das civilizações 'modernas', sela apenas a fratura, a queda do homem na temporalidade. Mas ela é apresentada como uma conquista do homem último, isto é, do homem crepuscular» (p. 12). A analogia com a prespectiva de Lévi-Strauss é evidente.

to, o homem se faz também deus, não no sentido de uma totalização, mas de uma separação. A "personagem", como dissemos, não é explicitada como tal e, na medida em que não o é, não pode manter um diálogo com o criador-espectador: o que caracteriza o nascimento de um deus é precisamente a inconsciência do ato do nascimento. A famosa separação entre homem e deus é a separação, na criação de deus, entre sujeito e consciência: o sujeito "personificado" se reduz a objeto, e a consciência atribuída a esse sujeito é inconsciente. Inconsciência e objetividade asseguram a separação.

A criação da estrutura em Lévi-Strauss pressupõe justamente um sujeito coletivo *a priori*. O fundamento da estrutura é a indiferença entre sujeito e objeto, paralela à indiferença entre tempo e espaço. A individualidade subtraída ao homem singular é transferida, através de uma *persona* indeterminada, à totalidade dos homens de um grupo — a *persona;* ou seja, é impessoal enquanto constituída por aquele sujeito *sui generis* que é também objeto. Essa operação, na chamada civilização "fria", resultava logo numa fé religiosa específica, a qual excluía a possibilidade de se tomar consciência da própria operação, já que a fé religiosa supõe, por construção, o "absoluto" numinoso da *persona*, ao passo que a consciência se realiza unicamente em uma relação dialética com o sujeito. Ao contrário, no culto científico a *persona* é substituída pela impessoalidade, mas a diferença é meramente formal, pois a despersonalização, resultado de um processo abstrativo e exclusivo, é uma simulação da *persona*. A indiferença entre sujeito e objeto assume, efetivamente, duas formas distintas mas equivalentes: a do sujeito coletivo *a priori* de tipo personificado (numinoso) e a do sujeito coletivo *a priori* do tipo despersonalizado (objetividade científica). De seu lado, Lévi-Strauss, assumindo a atitude de sacerdote da objetividade científica, não parece contrário a admitir a equivalência por nós proposta quando afirma:

> Sou um teólogo enquanto sustento que o importante não é o ponto de vista do homem, mas o de Deus, ou quando procuro compreender os homens e o mundo como se estivesse completamente fora do jogo, como se fosse um observador de outro planeta e tivesse uma perspectiva absolutamente objetiva e completa[4].

4. «Intervista a Claude Lévi-Strauss», por Poalo Caruso, *Aut Aut*, n. 77, 1963, p. 34.

Quando Lévi-Strauss admite que as sociedades estudadas pelo etnólogo "são mais ou menos como sociedades frias em relação a sociedades quentes, como relógios em relação a máquinas a vapor" (*Colloqui*, p. 34), esquece-se de que atualmente só podemos falar de estrutura, de sociedade construída como relógios e de sujeito coletivo *a priori*, fazendo uso do sujeito histórico individual que recuperamos e que nos permite tentar o relevamento de leis do inconsciente. Com efeito, a fé na objetividade científica etnológica que se encontra no pensamento de Lévi-Strauss parece, às vezes, referir-se ao sujeito coletivo, *a priori*, construído a partir da fé religiosa antiga, como a um dado em si positivo — a estrutura —, enquanto outras vezes a sua antiga (ou remota) presença é contraposta, embora de modo não dialético, a sua atual (ou próxima) ausência. Nesta contraposição o uso, feito por Lévi-Strauss, do sujeito individual resolve-se comumente numa patética admiração pela subjetividade coletiva, como a que vem expressa nas conclusões do *Elogio da Antropologia;* não se resolve jamais, convém notar, em um aprofundamento dos motivos pelos quais subsistem elementos de "frieza" na sociedade moderna, onde, como afirmaram outros autores, as "diferenças são unidas e difundidas artificialmente"[5] e onde, por conseguinte, o "calor" é em boa parte fictício. Que um sujeito individual possa optar impotentemente, através do consentimento diacrônico da sociedade "quente" em que vive, por uma subjetividade sincrônica, pela eternidade divina, obviamente ainda faz parte da atividade do sujeito individual. E que Lévi-Strauss, como sujeito individual, se determine em uma perspectiva histórica e ao mesmo tempo estruturalista só seria possível contradizendo tudo o que ele mesmo declarou, atribuindo-se, como vimos, um papel "completamente fora do jogo" e declaradamente teológico. Lévi-Strauss compara a relação entre duas culturas à relação existente

---

5. MAX HORKHEIMER e THEODOR W. ADORNO, *Dialettica dell'Illuminismo*, Turim, 1966, p. 133. Quando Lévi-Strauss considera a civilização do passado remoto (ou do espaço remoto, equivalente em distância em consequência da espacialização operada) procura fazê-lo, explicitamente, com a máxima frieza, idêntica à frieza que, na imagem surpreendentemente reveladora de que se vale, se compraz em atribuir a um deus impreciso (v. nota 4). O fato de encontrar-se, em conseqüência, tratando com civilizações «frias», a teorizar sobre a diferença entre frio e quente, cru e cozido, não o induz tampouco a suspeitar a existência de um subjetivo lato da sua própria cientificidade. Esta torna o homem artificialmente infalível, como um deus, exatamente enquanto nunca o põe explicitamente em causa.

entre dois trens que, indo no mesmo sentido ou em sentido oposto, se movem em velocidades diversas; e específica, numa homenagem formal à relatividade alheia, que todo membro de uma cultura está tão estreitamente "comprometido com ela" quanto o está um viajante em relação ao trem em que viaja (RS, 118); todavia, fica obviamente implícito que o estruturalista perfeito, que não procede nem do "frio" nem do "quente", devendo escolher entre o estar "completamente fora do jogo" e o estar "comprometido", opta pela primeira possibilidade, ou seja, escolhe observar *os outros* que tomam um trem. O que poderíamos exprimir dizendo que ao estruturalista interessa não a práxis do sujeito histórico, mas a objetividade do sujeito coletivo *a priori*[6].

Civilização fria e civilização quente constituem, para Lévi-Strauss, dois objetos de conhecimento científico, embora o segundo objeto, como tal, pareça escapar ao etnólogo. Mas essa cognoscibilidade implica, como terceiro objeto, uma humanidade inalterável e eterna, da qual o cientista constitui o quociente exponencial. Não é casualmente que Lévi-Strauss compara uma civilização a um relógio, outra a uma locomotiva e ele próprio a um genérico (e por isso mesmo absoluto) deus. Sem esta terceira objetivação o homem, como diferença, poderia emergir como um perigo interno ao conhecimento. A subordinação do individual ao coletivo, por exemplo, considerada como diferença formal, não distingue o arcaico do moderno, e a nostalgia nutrida por uma sociedade "fria", da parte de um cientista que vive grande parte de seu tempo em uma sociedade "quente", é em certo sentido o que de mais "quente" — ou seja, individual, subjetivo e contraposto ao grupo — esta sociedade pode exprimir. Para evitar essa obsessão, a única coisa que Lévi-

---

6. GUY DEBORD, *La società dello spettacolo*, trad. it., Bari, 1968, com evidente alusão às teses de Lévi-Strauss, afirma: «As 'sociedades frias' são aquelas que afrouxaram ao máximo sua parte na história (...). Se a extrema diversidade das instituições constituídas para esse fim testemunha a plasticidade da autocriação da natureza humana, esse testemunho aparece como evidente apenas para o observador externo, para o etnólogo 'retornado' ao tempo histórico» (p. 108). Embora o estruturalismo se inspire de modo apenas marginal no desenvolvimento de Debord, também a crítica a este aspecto da espetacularidade nos parece exemplar. Entre outras coisas, Debord percebe muito bem a essência daquele sujeito que definimos como coletivo *a priori*: «Se os burocratas, tomados em conjunto, tudo decidem, a coesão de sua própria classe não pode ser assegurada senão mediante a *"concentração de seu poder terrorístico em uma única pessoa"*» (p. 85; os grifos são nossos). Sobretudo, apreende-lhe o fundamento religioso (p. 15).

-Strauss pode fazer é deixar de ser um homem que nutre nostalgias para tornar-se uma divindade sem determinações etnológicas. Suas exortações, seus sentimentos e seus gostos tornam-se outras tantas recaídas em terra, concessões ao inveterado hábito que os homens têm de conferir aspectos, gostos e sentimentos aos deuses — numa palavra, de antropomorfizar a realidade, ou verdade científica. Sob tal aspecto, é muito significativo o entusiasmo do etnólogo pela expressão, "cheia de vigor mas dificilmente traduzível", utilizada por Peirce para designar o signo, distinguindo-o do conceito (*"It addresses somebody"*, PS, 33), tanto mais quanto na mesma passagem o autor afirma:

pelo menos uma das maneiras pelas quais o signo se opõe ao conceito depende do fato de que este último exige integral transparência à realidade ali onde, ao contrário, o primeiro aceita, ou antes, pretende que a essa realidade se incorpore uma certa densidade humana

(note-se que o conceito de "densidade humana" é entendido como acessório). Lévi-Strauss não é um deus antropomórfico, embora dele tenha conservado a monocularidade, havendo dado um olho em troca do conhecimento das eternas ruínas sagradas (donde a visão "chata" do real, aquela a que falta "profundidade" histórico-dialética).

Determinando a interdependência entre as teorias de Lévi-Strauss que consideram os "fatos" sociais e as que consideram os "fatos" artísticos, ambas interpretadas em uma perspectiva lingüística, existe ainda o papel central que nelas assume o sujeito coletivo *a priori* pressuposto pela criação da estrutura. De fato, a passagem de uma sociedade estática (sincrônica ou, acrescentamos nós, espacial) a uma sociedade especialista-competitiva (diacrônica, histórica) é paralela à passagem do mundo da arte primitiva (a arte que "não envelhece") ao da arte moderna, que Lévi-Strauss concisamente define com a qualificação de "acadêmica". Sem examinar por enquanto as implicações das teorias levistraussianas sobre a arte, o que será feito à parte, recordemos que, segundo o etnólogo, o aspecto possessivo-representativo próprio da arte "acadêmica" (aspecto que, na aguda definição de Lévi-Strauss, revela a "ambição de capturar o objeto em proveito de um proprietário", *Colloqui,* 61) induziria os artistas ocidentais modernos a cultivar certas "maneiras" e a embrenhar-se num beco sem saída desde o momento em que, embora libertados do academismo do significado (primeiramente com o impressionismo, em seguida com as vanguardas do século XX), se tornam vítimas do academismo do significante, "que é afinal o academismo da linguagem" (*ibid.*, 72). Inutilmente, os mais prestigiosos artistas ocidentais inventam "maneiras" novas: nas sociedades "quentes", em cujo âmbito eles operam, "não há a menor possibilidade de instaurar uma verdadeira linguagem, porquanto a linguagem (...) é um fato de grupo e um fato estável" (*ibid.*, 72). Os sistemas de signos de que se valem os artistas não-figurativos estão, pois, "fora da linguagem", mas a ruína do gênero de totalidade, semelhante ao constituído pelos componentes de um grupo arcaico, é que torna ineficiente, do ponto de vista de Lévi-Strauss, a "maneira" individual. Ou melhor, para retomar a nossa terminologia, é o ocaso do sujeito coletivo *a priori* ameaçado pela subjetividade histórica, a qual, a despeito de Lévi-Strauss, tem também a pretensão de não ser ilusória. De fato, explica o etnólogo, "esta distinção entre o individual e o coletivo, que nos parece tão precisa, não é de grande importância nas condições da produção estética das sociedades primitivas" (*ibid.*, 63): a *persona* constituída pelo sujeito coletivo *a priori* não requer, efetivamente, uma diferenciação entre individual e coletivo, nem tampouco, no fundo pela mesma ordem de motivos, entre sujeito e objeto.

Segundo Lévi-Strauss, portanto, no âmago da moderna sociedade competitiva a entropia social se transforma em entropia lingüística e, definitivamente, em morte da arte: atualmente "a arte tende a não mais ser" (*Colloqui,* 81). Desejando delinear mais explicitamente a direção ideológica da nossa argumentação, acrescentamos desde já que, se de um lado o etnólogo coloca tanto empenho em enredar a arte não-figurativa em um sudário pré-fabricado, de outro a sua tomada de posição é nitidamente distinta daquela que, demasiado polêmica e vagamente semelhante, Hegel assume nas confrontações da arte romântica. Hegel, como se sabe, condenava a "maneira" exatamente enquanto "subjetividade limitada como tal" e trovejava contra os "achados subjetivos"[7] da arte român-

---

7. G. W. F. HEGEL, *Estetica,* trad.. it., Milão, 1963, pp. 384 e 791.

tica, do mesmo modo como Lévi-Strauss coloca em ridículo as "criaturas do capricho" geradas pela arte moderna (CC, 29); a nostálgica exaltação hegeliana da escultura clássica pode parecer análoga à nostálgica exaltação da significatividade da escultura primitiva e arcaica que reencontramos em *O Pensamento Selvagem*. Mas a nostalgia do etnólogo acompanha-se da hipóstase numinoso-científica de uma estrutura cujo domínio é antecipado por um *a priori* formal (o sujeito coletivo *a priori*), cuja função Lévi-Strauss, não sem fundamento, de bom grado faz depender de uma problemática de tipo kantiano e, portanto, explicitamente pré-hegeliano. O pensamento hegeliano, ao contrário, dedica-se a procurar uma conciliação *dialética* que implique o reconhecimento da função de um dualismo fundamental entre sujeito e objeto: tal é o propósito do presente ensaio, embora nossa concepção de sujeito e de pensamento dialético se distinga da de Hegel.

2. HISTÓRIA E HISTORIOGRAFIA

> *Não conhecemos senão uma ciência: a ciência da história.*
> KARL MARX, *A Ideologia Alemã*

É sobretudo na *Antropologia Estrutural* que Lévi-Strauss se defronta com o problema da relação entre perspectiva histórica e perspectiva etnológica, distinguindo "duas categorias de tempo":

> A etnologia recorre a um tempo "mecânico", isto é, reversível e não cumulativo, enquanto, ao contrário, o tempo da história é "estatístico": não é reversível e comporta uma orientação determinada (AS, 319).

Nesta distinção, tão surpreendente quão arbitrária, o que antes de tudo chama a atenção é a identificação do tempo histórico com o não-tempo estatístico.

A espacialização do diacrônico é, ao contrário, típica do método estatístico, pelo qual o levantamento dos dados se desenvolve indiferentemente nas dimensões temporal e espacial, e pelo qual não existe a possibilidade de se conceber uma memória. O tempo estatístico não existe senão como cogitação "estruturalista" ante os problemas reais do devir e da memória: a reversibilidade estatística, pela qual, por exemplo, a lei dos grandes números é igualmente válida quando aplicada à dimensão do futuro, do passado ou do presente sincrônico, é uma reversibilidade tautológica, uma reversibilidade do espaço. Ao contrário, é precisamente o "tempo etnológico", reversível e não cumulativo, que recorda a espacialização característica do método estatístico. Os grandes números não constituem um "acúmulo", mas simplesmente uma indeterminação, enquanto o acúmulo pressupõe a memória. Mas o "tempo etnológico" de Lévi-Strauss recorda ainda mais o eterno presente numinoso da teologia hebraico-cristã, embora depois da encarnação uma certa irreversibilidade se tenha introduzido também no tempo divino. Se é verdade que também o tempo divino, com a historicização do eterno, se fez irreversível, o do etnólogo não o é: é e permanece simples espacialização do tempo, tal como se define, sempre na teologia hebraico-cristã, o inferno[1].

Mas essa tomada de posição, totalmente arbitrária segundo o nosso ponto de vista, coincide perfeitamente com outras teses do teórico estruturalista (e, na verdade, do estruturalismo em geral). Vimos como, nas obras de Lévi-Strauss, o pensamento "pensado" (a

---

1. A espacialização foi estudada por Gabel como forma especificamente antidialética da falsa consciência, e vinculada, no limite, com o racionalismo morboso. Veja-se JOSEPH GABEL, *La Falsa Coscienza: Saggio Sulla Reificazione*, Bari, 1967, p. 89 e *passim*. Esse parentesco com o pensamento formalizante e reificante é também entrevisto por um crítico italiano de Lévi-Strauss, Tullio-Altan, que nos lembra que «a pura e simples formalização, ainda que conduzida com rigor, não é por si só garantia de verdade, como não o é a rigorosa estrutura interna do delírio sistematizado de um paranóico, cujas idéias não possuem nenhuma correspondência com sua autêntica situação de vida» (CARLO TULLIO-ALTAN, *Antropologia Funzionale*, Milão, 1968, p. 31). Segundo o mesmo autor, o ontologismo de Lévi-Strauss exemplifica a passagem do modelo *para* conhecer ao modelo *por* conhecer; esta crítica exprime, naturalmente, também o nosso parecer.

É útil notar que as mesmas críticas podem remeter à noção de *a priori* empregada por Michel Foucault em *Le parole e le cose*. A propósito deste último ensaio foi escrito, mui oportunamente, que nele «le déroulement temporel est ramené a un déploiement spatial» (Da mesma maneira Sylvie Le Bon, em *Un Positiviste Désesperé*: MICHEL FOUCAULT, *Les Temps Modernes*, n. 1299, 1967, p. 1304).

estrutura) reabsorve em si o pensamento "pensante", que desse modo passa por uma função do primeiro. A relação entre sujeito e objeto é portanto invertida: a subjetividade se faz função do objetivo. Em conseqüência, a história é reduzida, como bem salienta Dufrenne, a sucessão cronológica:

> Lévi-Strauss réduit l'histoire à un codage par dates, c'est-à-dire à une chronologie. Ceci lui permet d'abord de décourager l'espoir que l'histoire puisse s'installer dans le continu, qui est tout juste bon à servir de toile de fond à des figures discontinues[2*].

A sucessão cronológica, relevada não sem problemas de escolha, torna-se em suma historiografia, e a filosofia é entendida fudamentalmente não como pensamento, mas como uso do pensamento, e juízo sobre o pensamento. De fato, escreve o etnólogo:

> Certamente, Comte atribui a um dado período histórico — as idades do fetichismo e do politeísmo — esse 'pensamento selvagem' que para nós não é o pensamento dos selvagens, nem o de uma humanidade primitiva ou arcaica, mas o pensamento no estado selvagem, distinto do pensamento educado ou cultivado exatamente um função de um rendimento (PS, 240).

Mas quando Lévi-Strauss teoriza uma irreversibilidade do tempo histórico e a contrapõe a uma reversibilidade do "tempo etnológico", aduzindo, a título de exemplo, a impensabilidade de um retorno da sociedade italiana moderna à situação da república romana (AS, 319), e subentendendo a possibilidade, além da "pensabilidade", dos retornos (*eternos retornos?*) etnológicos, não faz mais do que confirmar com palavras próprias aquilo que ninguém, acreditamos nós, deixaria de saber formular melhor, ou seja, que o que é concreto é irreversível, enquanto o que é abstraído do real pode não se sujeitar ao tempo, não enquanto considerado em sua validade, mas enquanto considerado em sua própria existência, critério com base no qual Lévi-Strauss o compara ao histórico. Só o que

---

2. MIKEL DUFRENNE, *Op. cit.*, p. 108. Em síntese, é o sentido que o etnólogo atribui ao termo «história» que torna sumamente ambíguo o capítulo 9 do *Pensiero Selvaggio*, onde o mesmo termo serve ao autor para indicar a acepção sartriana.

* Lévi-Strauss reduz a história a um código por datas, isto é, a uma cronologia. Isso permite-lhe inicialmente desencorajar a esperança de que a história possa instalar-se no contínuo, que se presta justamente a servir de pano de fundo a figuras descontínuas. (N. do T.)

existe é irreversível, ao passo que aquilo que simplesmente *é* escapa ao tempo e à existência, resultando difícil imaginar um pensamento mais domesticado do que aquele que repousa na reversibilidade abstrata.

Às vezes, entretanto, Lévi-Strauss parece preocupar-se em conciliar as duas formas de temporalidade por ele próprio escolhidas, e nesse caso procede com a costumeira desenvoltura. Por exemplo, em uma epigramática passagem, na qual se compraz em retornar diretamente a Marx, afirma ele:

A célebre fórmula de Marx: "Os homens fazem a sua história mas não a sabem fazer" justifica, no primeiro termo, a história, e, no segundo, a etnologia. Ao mesmo tempo, demonstra que os dois procedimentos são indissociáveis (AS, 36).

Na realidade, nem o fazer a história nem a inconsciência dessa atividade comportam "procedimentos", sejam eles associados ou dissociados, que se possam considerar como acima do fazer a história ou do não sabê-lo, que possam levar ao conhecimento do fazer ou do não saber. Além disso, os dois procedimentos só são postulados como indissociáveis por Lévi-Strauss, que de fato ou reconduz ao segundo também o primeiro, ou reconhece que a etnologia atualmente (ou seja, antes de reabsorver completamente em si a história) não pode ocupar-se de problemas tão profundamente diversos (extensivamente mais complexos) como os colocados pelas chamadas "estruturas diacrônicas".

Naturalmente, as citações de Marx podem ocorrer nas obras dos estruturalistas apenas sob a condição de serem deformadas: é muito mais cômodo citar Marx como inimigo irredutível de certas noções levistraussianas, tais como estrutura ou tempo etnológico. Em sua *Miseria della Filosofia* (Miséria da Filosofia), Marx ironiza o pensamento — classicizante segundo sua definição — que afirma que "houve história mas não a há mais"[3]. O alvo de Marx são aqui os teóricos burgueses da economia e da sociologia, que teriam desejado fazer passar por verdade eterna o que era apenas uma situação histórica bem determinada, um dado de fato não necessário e mutável. Talvez Lévi-Strauss acredite

3. KARL MARX, *Miseria della Filosofia*, trad. it., Milão, 1968, p. 158.

que nos possa convencer, consoante sua constante e frustrada ambição, de que está de acordo com Marx pelo fato de pensar exatamente o inverso, ou seja, que agora há história mas antes não havia, ou quase. Pois bem, não o consegue, se tal é sua intenção, se considerarmos que a diferença que existe é apenas entre o infundado otimismo dos burgueses contemporâneos de Marx e o fundado pessimismo do nosso contemporâneo Lévi-Strauss. Porque é bem evidente que tanto um como outro considera a história (não a historiografia, mas a história, aquela que o homem histórico está fazendo) como algo incômodo, importuno e perigoso, para ser evitado ou substituído o mais rápido possível por estruturas ou por "leis eternas"[4]. E, por outro lado, é evidente que o instrumento mais eficaz para alguém se desembaraçar da reflexão histórica consiste em substituí-la por uma reflexão analítica que só se declare ineficiente diante do Mistério do inconsciente (e, portanto, da estrutura e da linguagem...).

O que Lévi-Strauss não está disposto a admitir é que a razão analítica seja uma função da razão dialética e que o oposto não seja verdadeiro. Ele não proclama o inverso, mas subentende-o muito claramente. Em Sartre percebe ele o uso da razão analítica mas ao mesmo tempo deixa de esclarecer, a si mesmo e ao leitor, qual o instrumento do pensamento, se não a razão dialética, que permite a Sartre o "uso" da razão analítica. Para Lévi-Strauss, a razão analítica utiliza-se de si mesma, já contém em si a razão dialética, segundo a habitual operação, parcialmente científica, pela qual, quando há uma dicotomia esta é deixada inerte e injustificada, ou reabsorvida no mais cômodo desses dois termos. A razão analítica, nas obras de Lévi-Strauss, é pois anterior à razão dialética, ao mesmo tempo em que lhe está acima; segundo a imagem usada por Lévi-Strauss, a razão analítica lança diante de si uma passarela e em seguida passa sobre ela (PS, 268). A passarela seria a razão dialética. Neste contexto, seria esta, sem qualquer metáfora, um verdadeiro objeto, pois não há tampouco um tempo onde ela possa existir, ser atriz: e o que é uma negação de um tempo inerente à razão dialética, senão a negação do tempo *tout court* e, portanto, da dimensão essen-

---

4. *Ibidem.*

cial da dialética? A quem objetar que estabelecer a prioridade cronológica de uma das duas razões em relação dialética entre si seja uma operação fútil, semelhante àquela de tentar assinalar a precedência do ovo ou da galinha, cumpre antes de tudo responder que o que é fundamental é precisamente a diferença de resposta a este quesito essencial acerca da gênese do pensamento que conduz à profunda diferença existente entre a posição filosófica e a personalidade humanística de um Sartre e a atitude ontológica-abstrata e a personalidade científica de um Lévi-Strauss[5].

A crítica levistraussiana ao ponto de vista de Sartre demonstra que ao etnólogo não interessa tanto o pensamento quanto o juízo sobre o pensamento. Escreve ele:

> Mas a razão dialética não pode dar-se conta nem de si própria nem da razão analítica.

E ainda:

> O que Sartre chama de razão dialética outra coisa não é senão a reconstrução, operada por aquilo que ele chama de razão analítica, de procedimentos hipotéticos sobre os quais é impossível saber — salvo para quem os execute sem pensá-los — se têm uma relação qualquer com tudo aquilo que ele nos diz, e que, em caso afirmativo, seria definível unicamente em termos de razão analítica[6] (PS, 275).

Mas o pensamento é antes de tudo pensamento, e só como função secundária do pensamento que ele é,

---

5. Por todos esses motivos, e outros que exporemos, refutamos a proximidade, conquanto fugidia, proposta entre o pensamento de T. W. Adorno e o de Lévi-Strauss por R. Guarini. Cf. RUGGIERO GUARINI, *Il pensiero Estetico di Adorno*, *Op. cit.*, p. 9, maio 1967. Nessa espécie de homenagem à estética adorniana, Guarani opõe sistematicamente, e com destaque convincente, a reflexão dialética à estruturalístico-classificatória: «o pensamento cientificizado, alçando como seu critério único a ordem lógico-classificatória, vê na arte um 'dado' recalcitrante e indigesto, que aguarda em vão alcançar um posto na trama compacta e severamente organizada do sistema das ciências afins» (p. 8). De modo inteiramente inesperado e inadmissível, contudo, aceita ele a crítica levistraussiana à noção sartriana de «razão dialética».

6. Na página seguinte, essa típica tese estruturalista encontra posição adequada na linguagem do etnólogo: «Esta verdade é 'de situação', e se nós considerarmos 'com destaque' tal situação...»; e pouco adiante: «talvez esta idade de ouro da consciência histórica já tenha terminado: e o fato de que se possa ao menos conceber tal 'eventualidade' prova que se trata tão-só de uma situação contingente» (os grifos são nossos). Só aqueles que se perguntam, aguardando uma resposta pelo menos dúbia, se a relação sujeito-objeto deverá constituir eternamente o eixo da nossa cultura, é que reduziram, com idêntica decisão, a história à condição de puro espetáculo. A eventificação do ato do pensamento constitui uma realização (uma realização 'de fato', única conhecida por nós) da indiferença, da ausência de relação entre sujeito e objeto: indiferença que, obviamente, só pode subsistir com a condição de ser logicamente indemonstrada, não necessária e inconsciente.

é também juízo sobre o pensamento. Portanto, se é verdade (e não afirmamos que o seja, apenas o admitimos) que a razão dialética não pode dar-se conta nem de si mesma nem da razão analítica, sabemos certamente que a razão analítica, por si só e enquanto tal, não poderia tampouco existir. O fato é que Lévi-Strauss reabsorve na razão analítica a razão dialética, na consciência também o sujeito. Lévi-Strauss afirma que o pensamento de Sartre, "exatamente por apresentar todos esses aspectos típicos do pensamento selvagem, parece incapaz de julgar este último: pelo simples fato de oferecer o seu equivalente, exclui-o" (PS, 291). Em essência, equivale isso a dizer que o conhecimento exclui o pensamento, o que é desde logo verdadeiro para Lévi-Strauss.

O pensamento selvagem, tão caro a Lévi-Strauss, há de ser antes de tudo um objeto: se o etnólogo o encontra diante de si, ou crê encontrá-lo, como um sujeito dificilmente redutível à condição de um objeto, sente-se tão desorientado, por causa de sua inexperiência, sobre o que se deva fazer com sujeitos, que o afasta de sua presença e o *objetiva,* com uma cerimônia de favor e não sabemos com quanta intenção humorística, em "documento etnológico de primeira ordem, cujo estudo é indispensável para quem deseje compreender a mitologia do nosso tempo" (PS, 291). Naturalmente, por seu lado, o filósofo pode tão-somente considerar que a impossibilidade de conceber um sujeito humano filosofante enquanto sujeito nada mais é que o avesso de uma outra verdade: o cientista estruturalista (e não apenas Lévi-Strauss) é afetado por uma outra incapacidade profissional, qual seja a de pensar como um sujeito humano. Contra essa possibilidade Lévi-Strauss elaborou uma nota onde estigmatiza a "função metafísica" que a reflexão histórica reservaria aos papuásios:

> Reduzindo estes últimos à condição de meio, bons apenas para satisfazer o seu apetite filosófico, a razão histórica abandona-se a uma espécie de canibalismo intelectual que, no juízo do etnógrafo, é muito mais repelente que o outro (PS, 291).

Ora, confiamos no fato de que o "para-nós" histórico de Sartre não consista tanto em atribuir, pela consciência histórica, a função metafísica de "outro' aos papuásios, a quem respeitamos, como, por exemplo, ao próprio Lévi-Strauss; e neste caso o preço a pagar nos parece bastante razoável. De fato, não nos parece de modo algum repugnante que os homens se dividam entre si com base em diferenças ideológicas. Sem contar o fato de que as chamadas "falsas estruturas", que para Lévi-Strauss constituem um material etnológico, embora não de primeira ordem, e que os "selvagens" naturalmente pensam ser as verdadeiras, recolocam o problema de uma distinção análoga (sob tal aspecto) entre os dois níveis de consciência, quando não diretamente entre a consciência do etnólogo e a inconsciência dos "selvagens", como constitutiva e fundada no método etnológico de Lévi-Strauss. Neste sentido limitado, dizemos nós, ela é paralela à distinção entre sujeitos históricos e não históricos operada por Sartre, que provoca em Lévi-Strauss o grito de canibalismo intelectual. De resto, como acabamos de verificar, também nas confrontações diretas com Sartre esforça-se Lévi-Strauss, embora com resultados pouco brilhantes, por conferir a este último a parte, digamos, do bom selvagem. Tentativa de qualquer maneira legítima, desde que admitamos uma luta no plano ideológico e não falemos em canibalismo intelectual.

Uma concepção da história análoga à teorizada por Lévi-Strauss se encontra, sempre que se considere o horizonte atual dos estudos de estética e de crítica, nas obras de muitos formalistas, declarados ou não, e também, de modo bastante evidente, nas obras dos formalistas russos, que desfrutaram de um clamoroso *revival* em não fortuita concomitância com a difusão do estruturalismo de Lévi-Strauss. Se, como afirma Todorov, devemos ao formalismo russo uma teoria da literatura

que deveria unir-se estreitamente a uma estética, ela própria parte de uma antropologia[7],

não resta dúvida de que tal união se possa efetuar comodamente também com base numa concepção comum da história, com a estética elaborada no âmago da antropologia de Lévi-Strauss. Por exemplo, uma passagem de Iuri Tinianov e Roman Jakobson, de 1928, na qual se procura estabelecer uma sistemati-

---

7. TZVETAN TODOROV, *I Formalisti Russi*, trad. it., Turim, 1968, p. 13.

zação teórica dos conceitos de história e evolução da literatura (ou da arte), anuncia que o puro sincronismo, entendido como método de pesquisa, se revelou "uma ilusão", mas em seguida propõe, como nova direção de pesquisa, precisamente a ideologia do sincrônico que há pouco criticamos a fundo ao tratar de Jakobson:

> A oposição entre sincronia e diacronia, que contrapunha o conceito de sistema ao conceito de evolução, perde a sua importância de princípio quando reconhecemos que todo sistema é dado necessariamente como uma evolução e, por outro lado, que a evolução tem inevitavelmente um caráter sistemático[8].

Esta declaração é uma tentativa, inteiramente inaceitável, de colocar "cientificamente" a questão, já velha em 1928, da integração entre estudo estilístico e estudo histórico dos textos: já em 1922, como o testemunha a mesma antologia de Todorov, Viktor Vinogradov (que não foi exatamente um aderente ao grupo formalista, mas que foi por ele notavelmente influenciado), denunciando os limites das pesquisas "imanentes-funcionais" com as quais se arriscaria a reduzir toda obra a um microcosmo isolado, apontava a necessidade de integrar tais pesquisas em outras de natureza histórica, ou "projetivo-retrospectiva"; e ainda hoje René Wellek, tardio epígono do círculo lingüístico de Praga, invoca em sua *Teoria da Literatura* a integração entre estudo intrínseco e extrínseco da obra literária. De fato, esses apelos à pesquisa histórica revelam-se equivocados mesmo quando manifestamente não se apóiam numa imperfeita demonstração, como aquelas a que Jakobson de tão bom grado recorre, porquanto na realidade invocam, de modo mais ou menos tortuoso, uma análise *historiográfica* (em sentido claramente espacializante) da obra artística. O processo de abstração--objetivação, pelo qual a obra artística singular se apresenta, por um lado, isolada e, pois, como objeto de uma análise *interna,* e, por outro, situada em um complexo de sistemas de signos e, portanto, como objeto de uma análise *externa,* não pode alcançar a verdadeira concretude da obra simplesmente porque tal

---

8. *Ibidem*, p. 158. Uma declaração do gênero se relaciona com muitas outras que revelam uma clara continuidade entre as teorias dos formalistas russos e a poética aristotélica. Este último ponto foi ilustrado adequadamente por GUIDO MORPURGO-TAGLIABUE, em *Linguistica e Stilistica di Aristotele*, Roma, 1967, pp. 352/378.

sistema, no plano metodológico, implica o assentamento da historicidade do fruidor: o relevo crítico permanece sempre externo à subjetividade histórica exatamente por ser inteiramente adequado aos *dados* historiográficos. Cabe ressaltar que a subjetividade histórica do fruidor é sacrificada no altar de uma objetividade para-estruturalista não apenas no caso em que a série das determinações críticas é interrompida bruscamente diante de recursos extremos, mas não infreqüentes, como a exaltação do hiperdeterminado em si ou o encontro de um sentido "autêntico" (utilização vulgar do jargão heideggeriano) ou a assunção de uma suposta intenção do autor da obra artística, mas também no caso em que a "leitura" crítica se limita aos dados puramente historiográficos, sendo de todo irrelevantes, neste último caso, considerar o conjunto dos dados (sempre *a posteriori*) como Tradição ou sistema de sistemas semiológicos.

A uma visão formalista do processo histórico somos igualmente levados, com não pouca freqüência, pelo uso indevido da dialética marxista. Stefan Zolkiewski, por exemplo, ao criticar, de um ponto de vista marxista, as teorias de Lévi-Strauss, que corretamente reprovara a adoção de uma orientação metodológica formalista, declara que um estudioso marxista deve reconhecer, na análise "des phénomènes humains, c'est-à-dire sociaux", uma interdependência dialética entre pesquisa genética e pesquisa estrutural[9], ou seja, entre fenômenos sociais e lingüísticos. Com efeito, como o ensaísta polonês especifica, os fatores sociais são *genéticos* porque "la structure entière de l'oeuvre ne peut être déterminée que par sa fonction sociale". Sem se dar ao incômodo de aprofundar a relação entre fenômenos lingüísticos e artísticos, Zolkiewski, em substância, exonera o sujeito histórico de toda iniciativa autêntica e deixa que a estrutura, retenção coletiva e *portanto* genética, se exprima através do homem. Essa perspectiva implica uma precisa e, podemos enfim dizer, previsível concepção da linguagem, bem próxima, dum ponto de vista filosófico, da de Lévi-Strauss. Para justificar sua recorrência ao sujeito coletivo *a priori,* Zolkiewski explica que "la communication caractérise l'humanité sociale, qui est par sa nature même, superin-

---

9. STEFAN ZOLKIEWSKI, *De l'intégration des Etudes Litéraires,* in AAVV, *Poetics,* Mouton Co., Gravenhage, 1961, p. 166.

dividuelle"[10]. Nestas duas citações Zolkiewski toma o efeito pela causa: não só a existência da obra de arte deve preceder a existência daquilo que se define como a sua função, como também a humanidade superindividual é o resultado de uma atividade criativa individual. Não se explica de outro modo a própria evolução social e artística da humanidade, nem a possibilidade da insurreição do novo, tanto no plano social quanto no da produção artística. Tanto para Lévi-Strauss quanto para Zolkiewski a estrutura é considerada histórica na medida em que se define como agente impessoal, sujeito coletivo *a priori* sondável pelo especialista em condição de apreender, para além da suposta pobreza dos modelos culturais conscientes, a realidade objetiva da estrutura. A carência de dialeticidade e, portanto, de um fundamento histórico de semelhante posição vicia igualmente o tratamento da questão da gênese da linguagem, questão à qual Zolkiewski, a princípio acertadamente, assinala um papel decisivo na crítica do estruturalismo; de nossa parte, procuramos demonstrar, ao tratar da mesma problemática em outra seção do presente ensaio, a oportunidade de enfrentar de modo paralelo a questão da gênese da linguagem e a da relação sujeito-objeto. A auto-significação do sujeito não deve ser suprimida da história (em sentido sartriano) como um fenômeno marginal.

10. *Ibidem*, p. 776.

3. DIACRONIA E SINCRONIA: DA LINGÜÍSTICA À ESTÉTICA

A afirmação da estabilidade definitiva de um breve período de gelo do tempo histórico é a base inegável, consciente e inconscientemente proclamada, da atual tendência a uma sistematização estruturalista.
GUY DEBORD, *A Sociedade do Espetáculo.*

Duas são as argumentações de Roman Jakobson contra o paralelismo sincrônico/diacrônico e estático/dinâmico, e chamar-lhes-emos a do cinematógrafo e a do cartaz publicitário. Lévi-Strauss, além de mencioná-las, nelas apóia, como se emanassem de uma autoridade dificilmente discutível, boa parte de suas argumentações contra a fundamentalidade de uma diferença entre sincrônico e diacrônico, construindo através delas ambas as suas deduções. A referência

43

explícita de Lévi-Strauss é feita na *Antropologia Estrutural* (106) através de um artigo de 1949:

> Depois do artigo de Jakobson, sabemos que a oposição entre diacronia e sincronia é largamente ilusória, útil unicamente para as etapas preliminares da pesquisa. Bastará esta citação: "Seria um grave erro acreditar que estática e sincronia sejam sinônimos. O plano estático é um fingimento: é apenas um procedimento científico de emergência, e não um modo particular de ser. Podemos considerar a perfeição de um filme não só diacronicamente, mas também sincronicamente: no entanto, o aspecto sincrônico de um filme não é idêntico a uma imagem isolada extraída do filme. A percepção do movimento está presente também no aspecto sincrônico. O mesmo se pode dizer da língua.

O tom com que Lévi-Strauss introduz essa citação justifica o fato de nos ocuparmos dela. Porém, devemos recordar que, antes de mais nada, permanecendo fiel a sua problemática, ainda em 1963 Jakobson retomou o tema desse infundado paralelismo: num dado momento (sincronia), se se pergunta ao espectador de um filme o que é que ele está vendo na tela, ele responderá, por exemplo, que está vendo cavalos correndo. Desse relevo pretende Jakobson deduzir que sincronia e movimento não estão "rigidamente separados":

> Parece-me que o grande erro e a grande confusão, constituídos pela separação rígida entre sincronia e diacronia, procedem em grande parte da confusão entre duas antinomias: a primeira, entre sincronia e diacronia; a segunda, entre estático e dinâmico. Mas sincrônico não é o mesmo que estático[1].

Já neste ponto, tendo em conta as duas versões da argumentação cinematográfica, parece-nos oportuno introduzir algumas observações. Notemos que o critério da separação "não rígida" é para Jakobson suficiente para excluir a possibilidade de um paralelismo entre sincrônico/diacrônico e estático/dinâmico, o que nos leva a acreditar que ele, necessariamente, admite a separação rígida desses dois termos: se movimento e estase fossem rigidamente separáveis, não se compreenderia mais o porquê da impossibilidade de um paralelismo. Mas, como intuitivamente movimento e estase se acham em relação entre si, muito embora, do ponto de vista discursivo, sejam nitidamente distin-

---

1. ROMAN JAKOBSON, *Saggi di Linguistica Generale*, trad. it., Milão, 1966, p. 15.

guíveis, poder-se-ia esperar que Jakobson se inteirasse da extrema equivocabilidade de um critério como o da "separação rígida". A rigidez da distinção, embora subsistindo, não implica absolutamente uma separação, mas é, antes, uma premissa fundamental da relacionabilidade. Diferença não é separação: entre o critério da "separação rígida" e a confusão (intercambialidade e sobreponibilidade intermitentes e não resolvidas) há uma concepção dialética pela qual a rigidez da distinção *não* implica separação, mas é antes condição da relação que, se não é aparente, se funda na diferença dos elementos que a compõem. Desenvolvendo a outra argumentação, a do cartaz publicitário, escreve Jakobson:

> Onde é que se vê algo estático? Nos cartazes publicitários. Nos anúncios há estática, mas não necessariamente sincronia. Com efeito, suponhamos que um anúncio permaneça imutável durante um ano: neste caso, teríamos a estática na sincronia[2].

Os cartazes publicitários são estáticos e sempre idênticos a si mesmos; mas a percepção disso por parte do observador, precisamente por serem eles iguais e imóveis o tempo todo, sobrevém com o tempo: vemos, pois, como prova e complemento da primeira argumentação, que estase e diacronia não são rigidamente separáveis. O que pretendemos demonstrar é que dos dois argumentos de Jakobson nenhum é válido contra a possibilidade de um paralelismo estase-sincronia/movimento-diacronia, embora tal paralelismo ainda esteja aguardando uma explicação mais precisa, o que se fará mais adiante. Todavia, enquanto o segundo argumento contém em si algo de verdadeiro (ou seja, a necessidade de um relevamento diacrônico daquilo que se define como estático-idêntico, à parte as ressalvas que adiante exporemos), o primeiro, o do cinema, além de ineficaz, é também errôneo. Infelizmente, trata-se ainda da argumentação mais cara ao lingüista que, já catorze anos antes, como vimos, dela tratava com uma amplitude maior.

---

2. ROMAN JAKOBSON, *Op. cit.*, p. 15. A página toda serve notavelmente para demonstrar como a «espetacularidade», no sentido proposto por Debord, se realiza por meio do afastamento do sujeito.

Pois bem: comentando antes de tudo esse tema, notemos que o relevamento do estático (cartaz) comporta para Jakobson a contraposição de um diacrônico (espectador) enquanto o relevamento do dinâmico pode ser atuado por uma polaridade sincrônica (e todavia ainda do espectador). E aqui assistimos a uma operação interessante, embora não evidente, sobretudo porque será retomada, como veremos, por Lévi-Strauss: o diacrônico estabelecido pelo espectador é substituído por um dinâmico inserido no objeto. Estamos diante de uma indistinção (separação não rígida mas dialeticamente resolvida) entre sujeito e objeto, já que os caracteres diacrônicos ou dinâmicos de um ou de outro são considerados intercambiáveis. Com efeito, o relevamento do movimento comporta a operação de relacionar entre si mais posições de um objeto, e essa operação não pode desenvolver-se senão em uma dimensão diacrônica. Considerando o movimento no mesmo plano de seu relevamento, Jakobson considera diacrônico e dinâmico como intercambiáveis, o que em primeiro lugar está errado e, em segundo, é o inverso do que ele pretende demonstrar. Embora Jakobson esteja mais ou menos consciente desse fato, sua tentativa de demonstrar a ausência de um paralelismo entre as duas relações — estase e movimento, sincronia e diacronia — só pode ser admitida mediante a negação subentendida de uma "separação rígida" entre sujeito e objeto. Considera ele o caso de um sujeito sincrônico colocado diante de um objeto *em si* dinâmico. Sincronia e diacronia não são rigidamente oponíveis na medida em que sujeito e objeto são, sob esse aspecto, intercambiáveis. O sujeito emprestaria ao objeto a sua própria memória, aquela que lhe permite ligar entre si uma depois da outra, as diversas posições do cavalo na tela, provocando a ilusão de um movimento real e reduzindo-o, em sua absoluta instantaneidade, a uma abstração de si mesmo. A propósito, é útil chamar a atenção para algumas observações de Merleau-Ponty, provavelmente mencionadas por Lévi-Strauss, que poderiam prestar-se a equívocos.

Desde que se distinga, próximo à ciência objetiva da linguagem, uma fenomenologia da palavra, é-se encaminhado a uma dialética por meio da qual as duas disciplinas se põem em comunicação;

assim escrevia Merleau-Ponty ao criticar a visão pancrônica que propõe uma mera justaposição da lingüística sincrônica à diacrônica. E acrescentava:

> Em primeiro lugar, o ponto de vista 'subjetivo' inclui o ponto de vista 'objetivo', a sincronia inclui a diacronia;

e ainda:

> Numa outra relação, a diacronia inclui a sincronia[3].

Declarações análogas a esta última encontram-se freqüentemente nos escritos de Lévi-Strauss, que não deixa de sublinhar que "a distinção entre sincronia e diacronia é uma distinção em larga medida arbitrária"[4]; entretanto, na perspectiva estruturalista elas comportam um significado totalmente diverso, pois o etnólogo elude a fundação dialética introduzida por Merleau-Ponty na primeira das frases acima citadas.

Sendo Merleau-Ponty um humanista, suas afirmações, inversamente às do cientista, referem-se sempre ao que é verdadeiro para o homem, sem necessidade de explicitações. A primeira parte de sua frase ("a sincronia inclui a diacronia") significa então que a diacronicidade é a tal ponto inerente à subjetividade que qualquer "secção" sincrônica de um sujeito humano revelaria um tecido em si diacrônico, direcionado para um passado e para um futuro. O diacrônico é vinculado ao sujeito, assim como o sincrônico o é ao objeto. E é exatamente a natureza da subjetividade, em si diacrônica, que admite que, perguntado sobre o que vê na tela num determinado instante, possa o espectador legitimamente responder (à parte o descarte da realidade): "Vejo um cavalo correndo" e não uma diacronicidade da imagem objetiva. Portanto, existe a relação, mas também existe a distinção; sobretudo, subsiste o paralelismo: o movimento não é diacronia, mas a sua relevabilidade só pode ser feita por um observador, ou seja, só existe para um sujeito diacrônico. A projeção cinematográfica, como todos os mecanismos, já contém em si, sincronicamente programado na sucessão espacial dos fotogramas, o desenvolvimento mecânico do seu funcionamento. O filme é em si sincrônico, mesmo que sua projeção leve horas,

---

3. MAURICE MERLEAU-PONTY, *Segni*, trad. it., Milão, 1967, p. 119. Este excelente ensaio, «Sulla Fenomenologia del Linguaggio», contrasta com aquele dedicado à antropologia, incolor e escassamente probatório («Da Mauss a Claude Lévi-Strauss»).

4. «Intervista a Claude Lévi-Strauss», cit., p. 36. Cf. AS, 106.

e unicamente o espectador (pelo que conserva, enquanto homem, de subjetividade diacrônica) pode desfrutar de uma fruição diacrônica e da ilusão estética de uma diacronicidade ulterior, referida à real transposição ocorrida durante os "eventos" representados espetacularmente.

O que se define como "estático" é apenas uma abstração redutiva, e o que se define como "dinâmico" deve ser constituído pelo menos por dois elementos: um em movimento relativamente ao outro, e por um espectador. Por conseguinte, poderia parecer que a abstração hipostática fosse elevada por Jakobson à condição de real, e que, à semelhança do movimento, a estase fosse para ele algo *existente*, enquanto tal, *em si*. Mas voltemos ao artigo de 1949: "O plano estático é um fingimento: é apenas um processo científico de emergência, e não um modo particular de ser". E mais adiante: "O aspecto sincrônico de um filme não é idêntico a uma imagem isolada extraída do filme". Tudo isso reconduz ao ponto inicial, quer dizer, ao desenvolvimento e ao privilegiamento do conceito de sincrônico em relação ao conceito de estático. Se a primeira afirmação é perfeitamente plausível, a segunda, em verdade, nos parece inteiramente absurda: o privilegiamento da sincronia tem como contrapartida o malogrado privilegiamento do sujeito (diacrônico) enquanto ator ou, pelo menos, espectador do movimento; sem tal privilegiamento, o aspecto sincrônico de um filme seria totalmente idêntico à imagem fixa e isolada, ao fotograma que uma máquina fotográfica, *sincronizada* com o filme, impressionaria. Todavia, vista pelo homem, essa imagem fixa isolada das outras, esse fotograma, poderia enriquecer-se de valores dinâmicos metafóricos: daí o discurso poderia facilmente estender-se até compreender o tema da segunda argumentação de Jakobson. A imobilidade relativa do cartaz publicitário (sincronia) é relevável na sucessão diacrônica dos relevamentos de um observador. Se não subsistisse uma clara distinção entre o observador como sujeito e o cartaz como objeto não seria possível o relevamento diacrônico da sincronia. Um cartaz colocado diante de outro não revela a estaticidade deste. Jakobson, para quem o diacrônico tende a assumir uma dimensão extensiva, afirma que depois de um ano o observador, constatada a constante ausência de movimento, pode asseverar que o cartaz é fixo; mas que, no intervalo, estase e diacronia estão envolvidas em algo que lhes é comum — não se acham mais rigidamente separadas.

Contudo, a bem dizer, muito pouco prováveis são os outros dois casos. O primeiro é que o espectador releve a estaticidade do cartaz publicitário tão "sincronicamente" quanto o movimento do cavalo na tela; e dizemos "tão sincronicamente" porque somos de parecer que a sincronia de Jakobson seja algo assim como uma pequena duração, do mesmo modo que sua diacronia nos parece uma sincronia de mais amplo fôlego; no entanto, seria mais correto afirmar que o espectador provavelmente gastaria o mesmo tempo. Neste caso, portanto, se interrogado a propósito, poderia o observador afirmar, com "um procedimento científico de emergência", concedamo-lo, que o cartaz é fixo. Mas se este cartaz — e aqui chegamos ao segundo caso — representa o cavalo na atitude de galopar, o espectador, interrogado num determinado instante, afirmará "sincronicamente" que vê no cartaz um cavalo correndo. E tanto o descarte da realidade que isso comporta quanto o juízo "sincrônico" verdadeiro e apropriado não são mais falsos do que aqueles que se expressam sobre a breve sucessão de fotogramas (uma vez que Jakobson, visivelmente prejudicado por sua "sincronicidade", pretende distinguir o instantâneo fotográfico do fotograma singular) de que falava no primeiro argumento. O fato é que Jakobson necessita de uma sincronia muito elástica, seja para reabsorver em si o diacrônico, seja para estender-se nos séculos. Mas essa desesperada necessidade de um sincrônico-extensível nada mais é do que a desesperada necessidade de aplicar um método a uma objetividade que não é nem relativa nem dialética; e a mesma necessidade leva Lévi-Strauss à brincadeira de recolher com entusiasmo os resultados de tais argumentações.

Quando Sartre ironiza, na citada entrevista, um retorno metafórico, por parte de Lévi-Strauss, do cinema à lanterna mágica, talvez não considere suficientemente, na escolha de tal imagem, — embora perceba perfeitamente o perigo substancial — o fato de que o filme é em si tão sincrônico quanto a chapa fotográfica e que o esforço dos estruturalistas é não tanto o de transformar um filme em uma chapa da lanterna mágica quanto o de reduzir a realidade humana a um filme, "salvando" com isso o movimento, alienado do sujeito e da diacronia histórica, no próprio sincrônico. Ou seja, é não tanto a tentativa de transformar o dinâmico em estático quanto a de transformar o sincrônico, auto-suficientemente, em dinâmica, em ilusão de movimento. A afirmação de Jakobson, para quem o plano estático "é apenas um procedimento científico de emergência e não um modo particular de ser", se associada a sua tentativa de dissociar o conceito de estático do de sincrônico, revela a sua aspiração de privilegiar o sincrônico a "estado de ser", prescindindo, quando mais não seja, da crise em que as demonstrações da física relativista colocam o sincrônico. Mas, à parte Einstein (a quem de resto Lévi-Strauss parece aludir quando, na *Introdução* a Marcel Mauss, se refere às dificuldades, evidenciadas pelos físicos, que a introdução de um sujeito observador comporta), se se admite a distinção dialética entre sujeito e objeto, qualquer objeto, em si, *seria* sincrônico; mas tal objetividade não existe precisamente porque o objeto é o que é apenas em relação ao sujeito. O sincrônico pode ser não já o objeto, mas o objetivo, ou seja, o que é construído por subtração da relação dialética com a subjetividade. A tentativa estruturalista é, no fundo, a de fazer passar por real (objetual) aquilo que é apenas metódico (objetivo).

Em Lévi-Strauss o sincrônico não somente é "um estado de ser" como ainda tende a tornar-se estado de ser por excelência, através do sincrônico-objetivo que é a estrutura. Se em Jakobson a sincronia podia não ser estática, mas, à diferença da estase, um *estado,* Lévi-Strauss enfrenta essa antinomia navegando perigosamente no meio daquilo que para ele constitui os dois escolhos da ciência física (relatividade) e da filosofia (dialética)[5]. Deixemos pois Jakobson, para quem

---

5. A não-dialeticidade do pensamento de Lévi-Strauss configura-se às vezes como uma explícita recusa de considerar movimento e paralização relacionados entre si. «Não se pode determinar a trajetória de uma partícula e ao mesmo tempo sua posição» *(Colloqui,* 25). O etnólogo faz o melhor possível para permanecer fiel a esse assunto, mas deixa entrever a debilidade tanto mais notoriamente quanto mais se expõe na tentativa de defendê-lo. Por exemplo, depois de haver acenado a um «problema das estruturas diacrônicas», desenvoltamente o elimina com o seguinte comentário: «É muito provável que certos desenvolvimentos da vida social comportem uma estrutura diacrônica; mas o exemplo da fonologia ensina aos etnólogos que este estudo é *mais complexo* e coloca problemas *diversos* daqueles que, com o estudo das estruturas sincrônicas, eles estão apenas começando a abordar» (AS, 34; os grifos são nossos). Admitido que, segundo nosso ponto de vista, a indiferença de sincrônico e diacrônico é o sincrônico,

relatividade e dialética ainda estão por descobrir, e entremos na temática levistraussiana. O perigo constituído, segundo ele, pela teoria científica relativista é, antes de tudo, o da distinção rigorosa, admitida pelos físicos, entre sujeito e objeto, com a conseqüente relatividade do conceito de sincrônico; o perigo da filosofia dialética é igualmente o da distinção *dialética* das duas polaridades, quer dizer, de uma distinção que prevê o privilegiamento do sujeito e, com ele, da diacronia. Neste ponto convém fazer, a título de antecipação, uma observação. Se Jakobson, ignorando, como dissemos, a dialética, podia falar de "separação rígida" entre sincronia e diacronia e tentar demonstrar a real inexistência dessa separação, o caminho de Lévi-Strauss, que procede pela negação da logicamente mais acessível "distinção rigorosa", na realidade tem como meta, atravessando justamente a distinção dialética, a obtenção da maior "separação de fato" possível entre diacrônico (subjetivo) e sincrônico (objetivo). Nessa perspectiva, é fácil deduzir a continuidade *sui generis* dos procedimentos lógicos dos dois: se Jakobson usava a indistinção contra a separação, Lévi-Strauss pode muito bem usar a distinção em favor da separação. Vejamos como.

Lévi-Strauss defronta essa problemática na *Introdução* à obra de Marcel Mauss. Antes de mais nada, como sempre, trata de evitar o rigor:

A tarefa seria irrealizável se a distinção, rejeitada pelas ciências sociais, entre objetivo e subjetivo fosse tão rigorosa quanto deve sê-lo a própria distinção, quando admitida de modo provisório pelas ciências físicas (XXXIII).

Uma definição cientificamente admitida, mesmo "de modo provisório", deve ser, evidentemente, rigo-

---

parece-nos evidente que, aqui, Lévi-Strauss primeiro estabelece uma distinção radical entre diacronia e sincronia, omitindo depois o grau de *complexidade* existente entre a primeira e a segunda (ou o gênero de diversidade que separa as estruturas próximas ou sincrônicas das distantes ou diacrônicas) e não explicando por que nunca, num certo ponto, a primeira se substitui à segunda, anulando bruscamente a distinção por ele mesmo acatada. Mas semelhante incongruência gera um problema (este sim, grave e real) no próprio quadro das argumentações do etnólogo: estas nos deveriam pelo menos dizer, não só em que grau de complexidade um estruturável é promovido (ou, seria preciso dizer, reprovado) ao grau de estrutura diacrônica, mas também por que ele, alhures, sustenta a indiferença das duas polaridades. Considere-se este outro passo típico: «Tal relação simétrica entre história e etnologia parece ser repudiada por alguns filósofos que contestam, implícita ou explicitamente, que o dispor-se no espaço e a sucessão no tempo ofereçam perspectivas equivalentes. Dir-se-ia que, para eles, a dimensão temporal goza de um prestígio especial, como se a diacronia fundamentasse um tipo de inteligibilidade não só superior ao da sincronia, mas sobretudo de ordem mais especificamente humana» (PS, 278).

rosa, enquanto uma distinção "rejeitada" — o que é também evidente — não precisa mitigar os seus rigores; porém, situando a etnologia em um interregno entre ciências físicas e ciências sociais, Lévi-Strauss consegue o resultado de poder utilizar tal distinção sem rigor e a sua discrição, sendo-lhe possível, conseqüentemente, levar a cabo sua tarefa. Eis o seu uso: "Na medida em que a distinção teórica é impossível, pode ser, na prática, repelida para mais longe, a fim de tornar insignificante um de seus termos..." Na falta de rigor, a distinção é simplesmente repartida em duas: a distinção teórica, rejeitada, e a distinção prática, admitida como exeqüível. Todavia, o resultado dessa prática, assim como o seu escopo, é transformar uma distinção em uma separação, determinando entre as duas partes separadas a máxima desproporção, aquela em que o sujeito subsiste como um rápido e instantâneo olhar de um olho aparvalhado colocado diante do espetáculo de uma objetividade crescente e independente:

> A observação sociológica, aparentemente condenada pela intransponível antinomia que acabamos de especificar (...), logra escapar-lhe graças à capacidade do sujeito de objetivar-se indefinidamente, e isso (sem nunca chegar ao ponto de suprimir-se como sujeito) equivale a projetar-se para fora das frações, sempre decrescentes, de si próprio.

Portanto, se o aspecto teórico dessa autodestruição do sujeito coincide com o fim prático, a sobrevivência larval da subjetividade não só deixa de constituir um problema como ainda se converte num instrumento que garante ulteriores objetivações. Também a teoria, tendo sido exautorada filosoficamente, volta a aflorar como corolário de uma "prática" que, por sua vez, é obviamente uma teoria camuflada, por isso que não deve, filosoficamente, tomar consciência de si mesma:

> Pelo menos teoricamente, esse esmiuçamento não tem limite, salvo pelo fato de comportar a existência de dois termos como condição para a sua possibilidade.

Concede-se ao sujeito o privilégio de poder cada vez mais marginalizar-se do real enquanto atividade subjetiva, limitando-se a uma presença contemplativa; mas, como o privilégio dessa iniciativa de auto-exclusão comporta de algum modo um ato, a atividade do sujeito levistraussiano é precisamente aquela que busca a máxima passividade de si mesmo. Nesse estado de passividade contemplativa, deve ele lembrar-se de que tal passividade é o resultado de sua atividade:

> Em nenhum caso, todavia, a cicatrização histórica e geográfica poderia fazer com que o sujeito (com o risco de anular o resultado de seus esforços) se esquecesse de que tais objetos procedem dele e que sua análise, efetuada do modo mais objetivo possível, não poderia deixar de reintegrá-lo na subjetividade.

Neste ponto, em que Lévi-Strauss mais se aproxima da terminologia e da problemática da filosofia dialética e, simultaneamente, da mais radical negação da dialética, é oportuno reconsiderar em todo o seu complexo a operação conduzida pelo estruturalista.

Antes de tudo, reportando-nos a quanto relevamos a propósito da tentativa de converter a razão dialética em um instrumento operado pela razão analítica, devemos reconhecer a ausência de paralelismo com o funcionamento desse instrumento de objetivação do sujeito. De fato, se a "análise, efetuada do modo mais objetivo possível", dessa objetividade produzida pela auto-objetivação do sujeito parece implicar a atribuição desse produto ao âmbito da razão analítica, reservando à razão dialética a atividade auto-objetivante do sujeito, sabemos por outra via que (capítulo IX de *O Pensamento Selvagem*) para o autor a razão dialética é produzida e instrumentalizada pela razão analítica, ou seja, por aquela razão mais ampla que opera seus dados objetivos. E nessa prioridade da razão analítica não poderíamos, desde já, constatar o esquecimento, por parte do sujeito, de que as objetivações "procedem dele"? A própria posição de Lévi-Strauss relativamente à concepção e à função mediadora do inconsciente, encontradas no pensamento de Mauss, confirma essa interpretação. Já assinalamos como a própria subsistência dos dois termos, *objetivo* e *subjetivo*, implica uma separação, provisória mas tanto mais possível, no interior do homem. Uma vez constituída essa separação, entra nela a consciência da própria separação: da mesma forma que o religioso está consciente de estar separado de seu deus embora na realidade não o esteja. Enquanto para o sujeito propriamente dito o não-esquecimento de que a objetivação procede dele é um atributo tautológico, sendo o sujeito fundamentalmente atividade do pensamento, para aquela espécie de sujeito puramente contemplativo a que se refere Lévi-Strauss, que não atua no real mas o acolhe como espetáculo, a memória do ato é exterior e eventual. Significa isso, simplesmente, que o sujeito levistraussiano é pura consciência. Com efeito, ou a objetivação procede do sujeito também no caso da auto-objetivação, atualmente e em relação direcionada dos dois termos, ou seja, por uma iniciativa constantemente renovada do sujeito, ou ela se coagula em um acúmulo estático de objetividade; neste caso, a distinção dialética da relação se transforma em separação, na fratura através da qual as duas partes — ambas inertes segundo um ponto de vista humanista —, uma (o "objeto" de que fala Lévi-Strauss) é na realidade indiferença entre sujeito e objeto, um coágulo constituído pelo inconsciente e pela atividade, fantasmal mas autônoma (o deus, a estrutura, as leis do inconsciente), enquanto a outra, o "sujeito" na acepção levistraussiana, se reduz a mera contemplação consciente da realidade autônoma que se determinou.

O simples fato de Lévi-Strauss considerar totalmente negativa, em relação ao seu trabalho de análise da realidade, a possibilidade de que a própria "observação etnológica traga modificações ao funcionamento em que se exerce" pode ilustrar o seu ideal de "sujeito" passivo. Essa fragmentação do homem, apontada pelo antropólogo, desta vez em oposição a Foucault, "como inspiradora de um novo humanismo" (XXXIII), é na realidade a realização daquele fim que o etnólogo explicita como escopo do "esteta" em *O Pensamento Selvagem*.

> Admitimos pois o qualificativo de esteta por acreditarmos que o fim último das ciências humanas consiste não em construir o homem, mas em dissolvê-lo (269).

Nas perspectivas dessas considerações, assume significado mais evidente e ressonâncias quase irônicas a afirmação contida na página XXXIII da *Introdução:*

> Uma vez estabelecida a distinção entre sujeito e objeto, pode o próprio sujeito desdobrar-se novamente, do mesmo modo e sem interrupção, ilimitadamente, sem nunca anular-se.

No entanto, esse processo de fragmentação, já definido por nós como atividade do sujeito tendente à passividade, é executado pelo sujeito, segundo Lévi-

-Strauss, mas não necessariamente pelo indivíduo. Nesta altura, cumpre recordar a distinção apresentada, entre sujeito individual e sujeito coletivo, e a relação dialética, por nós proposta, entre a função subjetiva do individual e a função consciencial do coletivo. De fato, o processo ao qual Lévi-Strauss recorre é "aquele processo ilimitado de objetivação do sujeito, tão dificilmente realizável pelo indivíduo". A referência ao sujeito coletivo, conquanto implícita, não poderia ser mais evidente. Ao adotar essa distinção, Lévi-Strauss suscita a instrumentalização da concepção psicanalítica do inconsciente (também em polêmica, como veremos, com Jung) ao escopo de sobrepor o seu sujeito coletivo ao inconsciente e de fazer coincidir o objetivante com o objetivado e, por conseguinte, o sujeito com o objeto, mas *por parte do objeto*.

Essa quarta fase da operação, que se segue à distinção não rigorosa, à separação de fato e à redução do sujeito a termo "negligenciável", é levada a cabo por Lévi-Strauss retomando, em grande parte, declarações de Mauss e aproveitando não sem habilidade o escasso rigor teórico deste último, para deformar, também em parte, como já foi assinalado por alguns etnólogos e sociólogos, o pensamento. Mas o que nos interessa aqui é, essencialmente, o conteúdo daquilo que Lévi-Strauss retoma e faz próprio. Na distinção entre sujeito individual e sujeito coletivo, o objeto (dado *a priori* como objeto do conhecimento etnológico) se revela, na verdade, como uma indiferença entre sujeito e objeto, como inconsciente coletivo, como sujeito coletivo *(a priori):*

um campo que é também aquele onde objetivo e subjetivo se encontram, quer dizer, o inconsciente. De fato, as leis da atividade inconsciente, por um lado, estão sempre fora da apreensão subjetiva (podemos tomar consciência delas, mas unicamente como objeto) e por outro, no entanto, são elas que determinam a modalidade dessa apreensão (*Introduzione*, XXXIV).

Se, pois, Lévi-Strauss ainda podia sustentar uma função contemplativa, mas autônoma, do sujeito exatamente porque esse sujeito ainda não estava qualificado como individual ou coletivo, quando escrevia que este em nenhum caso pode esquecer-se de que "esses objetos procedem dele", agora, ao contrário, vê-se ele a afirmar que as leis objetivas, impostas ao sujeito

55

pelas objetivações, não "procedem dele". Se os objetos procedem do sujeito por causa de leis que procedem dos objetos, estas últimas é que são os verdadeiros sujeitos; ou melhor, as leis objetivas são os verdadeiros sujeitos que determinam tanto os objetos quanto a sua apreensão. Isso está claramente expresso numa citação de Mauss: "Tanto na magia quanto na religião e na lingüística, são as idéias inconscientes que agem", assim como nos conceitos maussianos, também citados, de "quarta dimensão do espírito", "categoria inconsciente" e "categoria do pensamento coletivo" (as referências à religião e à "quarta dimensão do espírito", em particular, assumem uma peculiar fecundidade quando referidas às implicações, já expressas, de uma subjetividade coletiva *a priori*).

Neste ponto, o cientista pode considerar encerrada a operação de objetivação, encontrando à sua disposição um material imenso e homogêneo; pode referir-se com segurança a

itinerários inconscientes (...) *traçados de uma vez por todas na estrutura inata do espírito humano* e na história particular e irreversível dos indivíduos ou dos grupos... (o grifo é nosso).

O sujeito coletivo assume também, através de categorias, estruturas e leis, as funções de sujeito individual, eliminando toda possibilidade de dialética; o sujeito individual, a quem se nega, a exemplo do que se fez com a razão dialética, uma diacronicidade essencial, uma temporalidade histórica na qual ele existe enquanto tal, hipnotizado diante de um objeto que o nega, é colocado como mera consciência precisamente enquanto e na medida em que o inconsciente não é mais objeto que sujeito. Pode-se definir o "sujeito" levistraussiano como a consciência de um sujeito coletivo *a priori*; essa hipnose, ou auto-hipnose, do sujeito é o fundamento de toda a atitude estética de Lévi--Strauss: *a espetacularidade, tal como em Aristóteles, permanece como a dimensão estética de toda fruição científica.* Tal atitude impõe outras posições estéticas não menos eternizantes, objetivantes, a-históricas e antidialéticas; em primeiro lugar, a posição eliotiana, de derivação aristotélica, como atesta o tributo segundo o qual Aristóteles "em qualquer esfera de interesse olhava *unicamente* e *firmemente* o objeto que tinha diante de si"[6], no qual os dois advérbios por nós sublinhados (*solely* e *steadfastly* em inglês) exprimem perfeitamente a decisão adialeticizante e estaticizante que Eliot elegeu como bandeira de sua atividade crítica e poética e que lhe permite considerar os conteúdos e os valores estéticos como imutáveis no tempo e independentes dos sujeitos criadores e fruidores. A estética do sincrônico é a estética do objetivo ontológico.

A operação de objetivação total, dizíamos, foi levada a cabo, e o cientista dispõe de

uma série ilimitada de objetos que constituem o objeto da etnografia e que o sujeito deve dolorosamente separar de si mesmo sempre que a diversidade dos costumes não o coloque diante de um esmiuçamento *operado com antecedência* (*Introduzione*, XXXIV).

A hipnose do sujeito não apenas admite uma intervenção anestésica no campo estético, onde as sensações individuais ausentam-se ou esvaziam-se de valor para se reabsorverem num "antes", como também ambiciona uma função mais propriamente terapêutica, o que introduz na exposição levistraussiana, entre outras, uma polêmica com a concepção junguiana do inconsciente, que aqui nos interessa unicamente por documentar um outro aspecto da ausência de dialeticidade no pensamento de Lévi-Strauss. Este, que sempre trata das teorias junguianas com suficiência, depois de formular, no prefácio à obra de Mauss, uma definição do inconsciente notavelmente próxima da junguiana ("sem fazer-nos sair de nós próprios, coloca-nos em coincidência com formas de atividades que são ao mesmo tempo *nossas* e *dos outros*, condição de toda vida mental de todos os homens e de todos os tempos", XXXV), assim justifica sua oposição a Jung: para Jung o inconsciente

está cheio de símbolos, principalmente de coisas simbolizadas que formam uma espécie de substrato

enquanto

não se trate de traduzir em símbolo um dado extrínseco, mas de reduzir a sua natureza de sistema simbólico coisas que lhe escapam unicamente por se tornarem incomunicáveis.

---

6. T. S. ELIOT, *Il Bosco Sacro*, trad. it., Milão, 1967, p. 31. Veja-se também, p. 33: «Aristóteles possuía aquilo que se chama uma mente científica, etc.»" Para demais implicações da poética eliotiana, veja-se a seguir o ensaio «Due concetti di tradizione».

Em outras palavras, enquanto na perspectiva de Lévi-Strauss "o significante precede e determina o significado", o inconsciente coletivo junguiano, não reconduzível ao sistema simbólico estrutural, cristaliza os arquétipos e, em substância, precede todo significante.

Essa crítica é retomada por um dos exegetas e tradutores italianos de Lévi-Strauss, Paolo Caruso, que explica:

> Com suas teorias dos arquétipos, Jung sempre se interessou pelos conteúdos imaginários, enquanto Lévi-Strauss, ao invés, tenta demonstrar que as diversas imagens simbólicas (sol, terra, água, etc.) nada significam em si mesmas. De um mito para outro, de uma população para outra, imagens corriqueiras, como a da água, podem assumir significados opostos[7].

Como afirma Caruso, tal crítica se baseia numa grave petição de princípio, já que, por exemplo, sendo a imagem da água significante não com referência à interpretação que dela uma determinada população possa conscientemente dar, mas sim à estrutura inconsciente com a qual o etnólogo decide pô-la em relação, fica por demonstrar que a traduzibilidade da estrutura, ou seja, o fato de que esta seja conversível de um sistema de signos a outros (como pretende a definição de estrutura amiúde aventada por Lévi-Strauss), seja mais plausível que a relativa fixidez dos arquétipos junguianos. Poderíamos desde já afirmar que na medida em que Lévi-Strauss tende a constituir um código absoluto e original suas estruturas acabam por formar o substrato inconsciente de toda experiência, mesmo depois de um determinado número de "traduções".

Exatamente por acharmos que o significante precede o significado, não pretendemos negar que, na medida em que se tenham definitivamente cristalizado, os arquétipos junguianos se tenham reduzido a conteúdos puramente imaginários, além de reconhecermos que nesse erro incorrerram clamorosamente todos aqueles que, abordando a teoria dos arquétipos, reduziram os discursos críticos sobre as artes a meras identificações de conteúdo. Por outro lado, afirmamos que pelo menos num caso fez Jung do conceito de inconsciente coletivo um uso dialético e mais defensável que

---

7. PAOLO CARUSO, «Il Crudo ed il Cotto». Aut Aut, n. 88, jul./1965, p. 67.

aquele proposto por Lévi-Strauss para o conceito de estrutura. Quando, em *Resposta a Giobbe*, Jung se defronta com a questão da natureza da divindade (ou, podemos dizer, do arquétipo divino), sua exposição se fundamenta em uma concepção dialética da relação consciente-inconsciente e, na medida em que se configura como interpretação de eventos ocorridos na tradição judaico-cristã, presta-se a uma verificação no plano histórico. Enquanto a estrutura se converte, ao máximo limite, numa fórmula matemática ou numa ordem à qual Lévi-Strauss, à maneira de Pitágoras, reconduz toda experiência humana, o inconsciente de Jung deve ser "conteudístico" precisamente por ser sempre determinado por um sujeito concreto.

> Não é de fato, a mesma coisa, (como sustenta o próprio Lévi-Strauss), definir o inconsciente como uma categoria do pensamento coletivo, e distingui-lo em setores segundo o caráter individual ou coletivo do conteúdo que se lhe atribui (XXXVI).

Do exemplo de Mauss extrai Lévi-Strauss a primeira definição, enquanto em sua concepção do inconsciente conserva Jung uma polaridade individual. Eliminando toda individualidade, tanto no consciente quanto no inconsciente, Lévi-Strauss impede também, em definitivo, qualquer relação entre consciente e insconsciente, ao mesmo tempo em que impede qualquer insurreição autônoma de diferença. Quando afirma:

> Assim, a apreensão (que só pode ser objetiva) das formas inconscientes da atividade do espírito conduz igualmente à subjetivação; pois, definitivamente, pertence ao mesmo tipo a operação que na psicanálise permite reconquistar para nós próprios o nosso eu mais estranho...,

esquece-se de que aquela espécie de *Spaultung* do sujeito, de que falara em páginas anteriores, fora por ele teorizada como uma atividade científica, prática e positiva e não como uma negatividade a resgatar a fim de recompor o homem na sua unidade dialética, subjetiva e consciencial; e esquece-se igualmente de que a operação psicanalítica de que fala comporta uma atividade intersubjetiva, e não uma subjetividade como "resultado". O assentamento de uma prática subjetiva leva à instauração de uma estética científica.

As relações intersubjetivas são, para Lévi-Strauss, invalidadas por uma impossibilidade de comunicação, assumida como hipótese mas confirmada como dado de fato. Falando das relações intersubjetivas do etnólogo com o "indígena", declara ele:

> de fato, a apreensão subjetiva alcançada por ele não apresenta nenhum ponto em comum com a do indígena, fora de sua própria subjetividade. Essa dificuldade, considerando por hipótese que as subjetividades são incomparáveis e incomunicáveis, seria intransponível se a oposição entre mim e os outros não pudesse ser superada em um campo que é também aquele em que o objetivo e o subjetivo se acham, a saber, o inconsciente (XXXIV).

Encontra-se, pois, um denominador comum às subjetividades, o inconsciente, que instaura uma espécie de coletividade coagida e ao qual não se pode atribuir, em nenhum caso, um valor individual, sob pena de se perder a identificabilidade das comunicações. Mas esse denominador comum, cujo sujeito individual se subtrai, é também, como sabemos, um acúmulo de subjetividade coletiva, e como tal é o verdadeiro agente da comunicação, ao qual a consciência espectadora do etnólogo se sobrepõe inerte. Não é o etnólogo, o psicanalista ou o estetólogo que serve como mediador, mas o próprio inconsciente:

> ...os fenômenos fundamentais da vida do espírito, aqueles que a condicionam, que lhe determinam as formas mais gerais, colocam-se no plano do pensamento inconsciente. O inconsciente seria assim o termo mediador entre mim e os outros (*Introduzione*, XXXV).

Essa aderência do sujeito do pensador ao "campo" onde se dá a mediação torna praticamente indiferente a concepção levistraussiana segundo a qual o inconsciente mediaria entre dois indivíduos e a de um teórico da ambigüidade objetiva como William Empson, segundo a qual um indivíduo mediaria entre dois inconscientes. De fato, tanto no estruturalismo como na teoria da impessoalidade da arte a subjetividade do pensador é introduzida de contrabando como uma entidade negligenciável, justamente com o fim de dar maior crédito às objetivações que essa mesma subjetividade operou. Depois de observar como Freud e Marx haviam feito suspeitar que o próprio poeta não sabe o que está fazendo, Empson chega à conclusão de que quem interpreta uma obra de arte não tem o que fazer com a consciência:

a sua principal função deve ser a de mediar entre o inconsciente do artista e o inconsciente do público para o qual ele opera[8].

Dessa tomada de posição Empson faz derivar a legitimidade de toda a sua atividde analítica de descobridor e catalogador de ambigüidades objetivas no campo literário, de hiperdeterminações de cunho puramente científico. A garantia da materialidade, da reduzibilidade a objeto extensivo da sua própria atividade pensante dá asas à inspiração taxionômica na medida em que exclui toda atualização histórica e toda hiperdeterminação dialético-intersubjetiva.[9]

---

8. WILLIAM EMPSON, «Rhythm and Imagery in English Poetry», in AAVV, *Aesthetics in the Modern World*, por Harold Osborne,, Londres, 1968, p. 340.

9. É fácil documentar como em Empson, assíduo e minucioso caçador de ambigüidades verbais, a vocação analítico-taxionômica vem acompanhada do malogrado estabelecimento do juízo histórico. Por exemplo: em *Sette Tipi di Ambiguità*, ele interpreta cada passo ambíguo depois de haver admitido que a maior parte das poesias «resulta intensificada quando pensada sobre seu fundo histórico», e que «não se devem levar em conta as ambigüidades simplesmente não pertinentes» (Willian Empson, *Sette Tipi di Ambiguità*, trad. it., Turim, 1965, pp. 28 e 33). Estas possíveis declarações da ambigüidade lhe permitem situá-la ora na História, ora no texto, ora na intenção do autor: permanece inexplicável o modo como um sujeito escolhe em meio a diversos graus de pertinência, obliterando o próprio «fundo histórico» e portanto na inconsciência de ser um portador de ambigüidade. Empson, dotado de sólida preparação filológica, resolve as ambigüidades no plano historiográfico, não no histórico. Também ao acadêmico marxista-ortodoxo Robert Weimann, que em seu bem informado *New Criticism und die Entwicklung bürgerlicher Literaturwissenschaft* (Halle, 1962) ressalta a adoção, por Empson, de critérios exegéticos histórico-sociológicos (p. 81), escapa inteiramente como o crítico inglês traduz a historicidade em mero conteúdo histórico, e, portanto, em conjunto de dados. Mas tal não teria acontecido se a pesquisa do mesmo Weimann não fosse contaminada por uma noção objetivista e tardio-burguesa da historicidade: o que escapa aos discípulos de Empson não é que «o objeto interpretado constitua parte de um nexo mais amplo, a parte constitutiva de um processo de desenvolvimento» (*ibid.*, p. 100), mas que, no ato de interpretar (e, com maior razão, no ato criativo), o sujeito esteja comprometido juntamente com os *próprios* nexos históricos.

4. ESTRUTURA E CONTINGÊNCIA NA ARTE

> *Diríamos em suma que a arte, limitando-se a imitar a natureza, nunca poderá competir com ela, tomando o aspecto de um verme que se esforça por rastejar atrás de um elefante.*
> G. W. F. HEGEL, *Estética*.

Parece pelo menos singular, a quem de norma escolha uma atitude crítica ao tratar de obras artísticas, a perseverança que Lévi-Strauss ostenta no sentido de estar de acordo com seu interlocutor nos *Colóquios*. Quando, por exemplo, Charbonnier invoca algumas condições mediante as quais, segundo ele, se verificou uma fruição estética, o etnólogo apressa-se em concluir: "Neste caso, creio que poderemos reencontrar precisamente as condições da experiência estética" (114). Essa batida, que podemos imaginar pronunciada com o *aplomb* que distingue o observador científico, interessa-nos na medida em que demonstra, no contexto original, quão importante é aos olhos de Lévi-Strauss que a organização da obra artística coincida com algo situado *no* fruidor: a emoção estética deve fazer vibrar algo eterno, inato no homem enquanto tal, e veremos quais os corolários e as conseqüências que tal abordagem dos problemas estéticos comporta. Entretanto, é igualmente singular, dizíamos, verificar o modo como o objetivismo estruturalista se impõe: dir-se-ia que nem sequer passa pela cabeça de Lévi-Strauss, inteiramente preocupado em captar a voz da estrutura, que Charbonnier possa estar enganado ou que, por qualquer motivo, faça uma escolha com base em critérios pessoais, o que é seguramente um modo de não examinar a possível contribuição criativa do fruidor, entendido como sujeito histórico. Em outra passagem, Lévi-Strauss, muito ingenuamente, teme entrar numa discussão mais específica sobre a arte moderna, alegando não desejar entrar em desacordo a propósito de nomes e, portanto, de obras: "sem citar nomes, pois com nomes acabaremos por litigar!" (110). Um eventual desacordo poderia demonstrar, entre outras coisas, que enquanto o indivíduo em condição de atuar escolhe, Lévi-Strauss experimenta uma emoção estética ali onde seu interlocutor não experimenta nenhuma, ou vice-versa. Por outro lado, já sabemos que Lévi-Strauss exerce a sua subjetividade, sem sabê-lo ou sem querer sabê-lo, tanto ao impor um método de conhecimento quanto ao recusar-se a fundar a sua legitimidade em uma verificação estatística, e é precisamente essa inconsciência (ou melhor, essa falsa consciência) que constitui a indiferença estruturalista entre sujeito e objeto[1]. As tomadas de posição levistraussianas que acabamos de citar não documentam a inconsciência de tal indiferença: pelo contrário, a indiferença consciente é inconsciência (falsa consciência) da própria subjetividade.

Se Lévi-Strauss pode tranqüilamente identificar a realidade de uma emoção estética do seu interlocutor com a realidade da presença de uma obra em si artística como causa dessa emoção, isso não acontece porque na sua concepção estética a arte nasce, enquanto tal, juntamente com o momento subjetivo da emoção, mas porque a realidade desse momento é objetiva, e

1. Cf. UMBERTO ECO, *Op. cit.*, p. 301.

não subjetiva. O sincronismo entre emoção estética e presença do objeto artístico é assegurado por uma realidade estrutural transcendente ao momento em questão, a qual· estabelece simultaneamente uma Natureza Humana e um Valor Estético. O pensamento de Lévi-Strauss aglutina a realidade em três fatos imóveis e objetivos: a realidade de um objeto em si artístico e independente, a realidade de uma eterna e imutável natureza humana que previsivelmente responde à presença desse objeto e, finalmente, a realidade de um Método de estruturalidade que estabelece, numa harmonia pré-estabelecida (reconheça-o ou não Lévi-Strauss), as duas realidades supracitadas. Essa aglutinação, que no fundo nada mais é que a súmula de três tipos de hipostatização, freqüentemente encontrável nos juízos estéticos impressionistas, harmoniza-se, também de maneira imprevista, com a definição do momento estético, que Lévi-Strauss situa a meio caminho entre *bricolage* e ciência[2]. No *bricolage*, vai-se do evento à estrutura; no pensamento científico, da estrutura ao evento; tratando-se de duas direções opostas, imagina-se que a situação a meio caminho seja a de xeque, de uma simultaneidade de evento e estrutura. As condições em que se experimenta um objeto artístico parecem mais determinantes, em seu rigor impessoal e estático, do que o próprio fruidor, a quem, como veremos, apenas se permite haver-se entre três tipos de contingência (três tipos de "ambigüidade", para recorrer a uma conhecida terminologia da experiência estética).

Convém agora indicar qual o fundamento filosófico e quais as nossas teses precedentes em que se encontra a estaticidade dessa impostação. Escreve Lévi-Strauss:

Sempre a meio caminho entre o esquema e a anedota, a genialidade do pintor consiste em reunir um conhecimento interno a um externo, um ser a um devir (**PS**, 38).

O paralelismo aqui traçado é bastante evidente e sintomático: o devir é uma contingência, o ser uma estrutura. E o devir é um acidente do ser. Ao "modelo

---

2. «Se é verdade que a relação de prioridade entre estrutura e evento se manifesta de maneira simétrica e inversa na ciência e no *bricolage*, é claro que, também sob esse ponto de vista, a arte ocupa posição intermediária» (**PS**. 37).

mecânico" do Ser se funde, no fenômeno estético, a temporalidade, declinável em ocasião, execução e destinação, do produto artístico. Naturalmente, como dissemos, trata-se antes de mais nada de estabelecer se o ser é uma função do devir ou, como subentende Lévi-Strauss, se o devir é uma função do Ser. Como quer que seja, essa contingência-devir, que Lévi-Strauss, falando mais explicitamente de problemas estéticos, considera como totalmente "externo" enquanto objeto de conhecimento, é assimilável por simetria àquela razão dialética, que, contraposta à razão analítica, nada mais seria do que uma função desta última.

Por conseguinte, o passo decisivo na interpretação da experiência estética é dado por Lévi-Strauss ao estabelecer relações precisas entre estrutura e contingência, relações sobre as quais ele se estendeu em *O Pensamento Selvagem*. Justificando a "profunda emoção estética" nele suscitada pela reprodução de uma gorjeira de renda num retrato feminino de Clouet, Lévi-Strauss releva algumas características gerais da obra artística acadêmica: a natureza de modelo reduzido da obra artística permite-nos, segundo uma formulação que evidentemente se reporta à *Gestalttheorie*, apreender a obra com um único golpe de vista ("o conhecimento do todo precede o das partes", PS, 36); o modelo artístico, *man made* e *hand-made*, não é "um homólogo passivo do objeto, mas uma experiência verdadeira e própria em relação ao objeto" *(ibid.)* e, portanto, incorpora certa cota de contingência que permite a "posse de outras modalidades possíveis da própria obra". A gorjeira, portanto, reproduz um objeto, mas não de modo passivo, e a particular perspectiva adotada por Clouet insere o objeto em um conjunto que ele influencia e determina de maneira vária. Daí a afirmação à qual forçosamente temos de chegar:

A emoção estética depende dessa união (entre a ordem da estrutura e a ordem do evento) instituída no âmago de uma coisa criada pelo homem e também, virtualmente, pelo espectador, que através da obra de arte descobre as suas possibilidades (PS, 38).

Com essa afirmação Lévi-Strauss nada diz de novo e diverso sobre a arte, em relação a Aristóteles e ao seu conceito de mimese. Se estrutura e evento se unem entre si não apenas na obra de arte, mas também como complemento de toda atividade humana, e se o conceito de modelo *man made* se diferencia do objeto, que por sua vez se constitui em seu modelo somente enquanto fruído através da possessão mimética, o que passaria a ser uma novidade seria somente o princípio de equilíbrio entre estrutura e evento, que já definimos como precário, enquanto princípio ou enquanto equilíbrio. No que respeita a esse segundo ponto, cumpre acrescentar que a distinção hierárquica entre os diversos tipos de contingência reflete fiel e coerentemente a propensão de Lévi-Strauss para aquilo que menos se furta à objetivação científica — a possibilidade, já cara a T.S. Eliot, de olhar "firmemente e unicamente" para o objeto. A contingência mais "interna" ao "fato" estético é sempre considerada superior na medida em que a própria estrutura é considerada "interna" em relação à acidentalidade, além de ôntica em relação ao deveniente. A série de paralelismos proposta por Lévi-Strauss, com efeito, desenvolve-se segundo o seguinte esquema:

interno = ser = estrutura = necessidade
externo = devir = evento = contingência

E para Lévi-Strauss o "interno", mesmo adquirindo uma certa "densidade humana", é sempre eletivamente o inconsciente. Temos, pois, previsivelmente, uma contingência de execução que, constituindo um evento interno (e presumivelmente mais "espacial") em relação à ocasião e à destinação, determina, ao fundir-se com a estrutura, um tipo de arte, arcaico ou primitivo, mais genuíno que os outros. A contingência, que assume as formas de "uma atitude, uma expressão, uma luz, uma situação" (PS, 40) é definida como uma *modalidade* externa que é *incorporada* à obra; sublinhamos esses dois termos por nos parecerem sintomáticos e particularmente sintetizadores do pensamento de Lévi-Strauss.

No fundo a obra artística, se bem observarmos as ambigüidades e contradições do primeiro capítulo de *O Pensamento Selvagem,* um capítulo reticente e fragmentário, é toda ela estrutura e já se contém toda na estrutura. Não se pode falar simplesmente de conteudismo, por isso mesmo que é absurdo pensar que "uma atitude, uma expressão, uma luz, uma situação" possam ser consideradas como "modalidades externas" também em relação ao "conteúdo" de um quadro. Não se trata, pois, de conteudismo, mas de abstração do conteúdo. No quadro, na obra que é o que é pelo único fato de representar (quiçá como) uma jovem, é *incorporada* ao *externo* (externo em relação a quê, se não ao abstrato?) uma contingência, e essa contingência vem a ser a atitude, a expressão, a luz e a situação. Se a *situação* "conteudística" for a de uma jovem tocando piano ou na iminência de ser esfolada pelos peles-vermelhas, também a *atitude* e a *expressão* variam de concerto, sem que isso, porém, interesse à obra em seu aspecto interno. Mas não acreditamos que por isso seja árduo conhecer esse conteudismo interno abstrato. Falando com Charbonnier sobre as causas da revolução impressionista, Lévi-Strauss não hesita em diagnosticar como o novo modo de pintar se tenha insurgido (*Colloqui*, 124). As imponentes florestas, as suntuosas cidades e os plácidos parques daqueles menos precários tempos passados foram-se tornando cada vez mais raros ou menos acessíveis, e assim os pintores foram constrangidos por força ou por despeito a espremer toda a beleza que podiam de raquíticos arbustos e esquálidos subúrbios urbanos. Deixemos de lado o aspecto histórico de tal interpretação e detenhamo-nos um instante em seu aspecto mais propriamente estético. Se antes a contingência (atitude, expressão, luz, situação) era considerada exterior à obra e a ela incorporável, por que agora essa contingência se torna tão essencial que determina uma revolução artística? A contradição de Lévi-Strauss é aqui apenas aparente. Pois segundo ele, em primeiro lugar e fundamentalmente, o que houve não foi uma troca do modo subjetivo de ver, da subjetividade artística enfim, mas uma troca semicoagida de "temas" pictóricos; as estruturas mudaram-se *no* mudar desses "temas". Como um subúrbio urbano não é uma mansão senhoril, como um arbusto não é uma floresta, uma obra impressionista não é uma obra de Watteau. Na abstração, a máxima "interioridade" e a máxima "exterioridade" coincidem[3]. A estrutura, que se subtraía a qualquer acidentalidade por meio de um pro-

---

3. É isto, no fundo, o que Lévi-Strauss exprime com ingênua simplicidade quando aponta esse problema de identificação não apenas como um problema estetológico, mas também, mais simplesmente, como um problema de fruição, afirmando que «diante de um quadro, o primeiro problema que o espectador se coloca é o de saber que coisa ele representa» (CC. 36).

cedimento abstrativo óbvio (mas não declarado), revela-se perfeitamente sobreponível à contingência mais pura e imediata: olhando "firmemente e unicamente" para o objeto, Lévi-Strauss lhe recusa antes de mais nada a concretitude (que está sujeita ao devir), sendo-lhe inacessível a subjetividade do pintor, a menos que se reduza a receptáculo de normas inconscientes, que deixa, por isso mesmo, de ser uma subjetividade para permanecer como um conteúdo abstrato eleito pela estrutura. Nem a "luz" é fundamental na pintura impressionista, nem o é a "expressão" no quadro expressionista; essas modalidade externas procedem de um conteúdo abstrato, vale dizer, de um evento ao qual se subtrai tudo o que seja acidental (e portanto constitutivo), por possuir ele uma espécie de conteúdo estrutural ao qual em seguida se pode acrescentar a contingência externa para um justo equilíbrio, tal como a água ao produto liofilizado.

O fato de Lévi-Strauss conferir à obra artística a qualificação de *man made* não anula em nenhum sentido o domínio do conteúdo estrutural sobre a modalidade de fruição da própria obra. De fato, o conceito de *man made*, que caracteriza como estética a união da ordem da contingência com a da estrutura, suprime a necessidade da arte na medida em que a intervenção de uma certa dose de "densidade humana" lhe é ao mesmo tempo acidental. Essa posição em xeque, em que a arte, por construída mediação, vem a encontrar-se, contrasta com o reconhecimento, por parte de Lévi-Strauss, de uma validade semelhante à do processo científico concedido ao *bricolage* (cf. PS, 34). Por conseguinte, se a posição de *man made* é fundamental e "necessária" no fato artístico, tal necessidade é por sua vez, enquanto união, acidental em relação ao conhecimento científico, ao processo inequivocamente direcionado da estrutura ao evento.

É interessante notar como para Lévi-Strauss, paradoxalmente, o escopo do pensamento científico, o "mudar o mundo", ou seja, o mudar o evento, não faz pender a balança em favor deste último, da contingência, mas em favor da estrutura, como se o meio fosse mais importante que o fim. E se é a direção (da estrutura para o evento) que qualifica o pensamento científico, não se compreende que essa direção, também seguida pelo etnólogo, possa não tender a determinar um tempo irreversível. Lévi-Strauss afirma, com efeito, que o tempo etnológico, contrariamente ao histórico, é reversível; isso parece implicar que nunca se pode passar da estrutura para a conversão de um evento verdadeiro e próprio, de um evento "irreversível"; em outros termos, que a transformação do mundo não empenhe exaustivamente as estruturas, que a atividade científica não seja verdadeiramente a de verificar, de mudar o mundo, mas sim a de comprazer-se em uma presumível imodificabilidade fundamental e eterna. Tal é, pelo menos, a atividade do etnólogo. Naturalmente, acreditamos que essa imodificabilidade seja precisamente o resultado teórico de um método abstrativo que parte da estrutura como hipótese metodológica tão-só para retornar, depois de uma excursão por entre os "selvagens", à própria estrutura erigida em verdade eterna. Pode-se assim compreender por que Lévi-Strauss nunca poderia atribuir os males do nosso mundo a uma ausência ou falso conhecimento das estruturas enquanto a ordem atual de nossa entrópica civilização seja devida, na maioria das vezes, aos processos científicos de modificação do mundo. Pela mesma ordem de motivos, compreende-se por que, ao julgar as deficiências das "verdadeiras" estruturas de nossos dias (e portanto da arte contemporânea não-figurativa), Lévi-Strauss se veja numa situação embaraçosa, semelhante àquela em que se vêem os teólogos cristãos quando precisam de dar uma razão da presença do mal no mundo. Com a diferença, relativamente a estes últimos, de que a Lévi-Strauss é vedada a escapatória do livre-arbítrio.

Nas obras de Lévi-Strauss delineia-se claramente uma estética do sincrônico: a arte da civilização sincrônica (fria, espacial, não-histórica) é considerada superior à moderna, exatamente como a sociedade "selvagem" o é em relação à sociedade entrópica moderna. É a presença ou a ausência da estrutura que nos faculta perceber a diferença entre a arte primitiva (ou arcaica) e a moderna, não-figurativa, e, pois, assinalar a inevitável superioridade do sincrônico. E é de todo secundário considerar a contingência como sendo externa, intrínseca ou posterior em relação à obra artística, conforme Lévi-Strauss laboriosamente nos explica, substituindo o exemplo da clava *tlingit* pelo da gorjeira de Clouet (PS, 39-40): o que conta e resulta, em substância, determinante é a atribuição à estrutura dos caracteres do Ser em contraposição ao devir da contingência, da necessidade em contraposição à acidentalidade do evento. A arte, de fato, reconhece os seus limites, que afinal são os limites da acidentalidade, tornando-se assim parte do crivo estruturalista, cientificamente rigoroso sempre que se trate de excluir o transitório do domínio da estrutura, de decretar se e em que medida uma dada obra é verdadeiramente artística. Na hipótese de Lévi-Strauss, a fusão de estrutura e evento, congênita no produto artístico, origina o sentimento estético e ultrapassa qualquer criatividade como atividade subjetiva individual: a arte deve formar um pacto com a verificação científica, e às condições estipuladas por esta última, do mesmo modo que ao sujeito, é concedido efetuar objetivamente a verificação. Já a primeira citação dos *Colloqui,* referida no início do presente capítulo, ilustra os resultados aos quais a adoção de um ponto de vista estruturalista pode comodamente conduzir, mas Lévi-Strauss oferece uma exemplificação mais coagente, na *Antropologia Estrutural,* para a investigação de analogias e recorrências de imagens de desdobramento nas artes asiáticas e americanas: examinando um rico material que compreende objetos chineses arcaicos, pinturas Haida, desenhos dos indianos Caduveo e tatuagens Maori, embora faça constar o seu erudito exame no capítulo intitulado *Arte,* guarda-se bem de explicar-nos por que aqueles objetos constituem um material artístico e não, por exemplo, etnográfico[4]. Age mais uma vez como se atribuição da artisticidade se tratasse de uma operação incontestável, embora sabendo perfeitamente que muitos desses objetos originariamente não eram entendidos como apropriados a solicitar uma fruição estética, e constrói uma série que subsiste porque obras *diversas*, ou seja, os elementos da série, participam de uma *mesma estrutura*. O sujeito, então, procedendo à identificação dos elementos da série, reconhece a obra de arte singular na medida em que ela se configure como uma totalidade fundada no diálogo que a estrutura mantém consigo própria: a obra é uma identidade em relação à qual interior e exterior se harmonizam na contigüidade (tal como os mitos,

---

4. Esta lacuna, naturalmente, não pode escapar ao estetólogo. Veja-se, por exemplo, GILLO DORFLES, *Artifício e Natura*, Turim, 1968, p. 239.

segundo as teorias levistraussianas), e Lévi-Strauss apreende-a impondo-se aquela separação otimal que é habitualmente proclamada como situação ideal para o investigador científico. Tal é a férrea coerência da hiperdeterminação científica: a investigação, concluída em sentido espacializante, despolpa um significante procurando um núcleo "estável", de modo que o significante, visivelmente reduzido a um esqueleto sincrônico (neste caso a *split-image*), é "superado" na direção da estrutura. Isso está em plena conformidade com uma definição da estrutura fornecida pelo próprio Lévi-Strauss:

uma *potência* do objeto graças à qual "posso superá lo", construir uma espécie de "superobjeto" que é definitivamente um *sistema de relações*[5].

A estética de Lévi-Strauss pode ser tomada em consideração somente como uma estética do dado de fato. A própria fruição desse dado de fato é por sua vez um dado de fato não subordinado ao arbítrio de algum sujeito: onde domina a coação a se estruturar, não subsiste uma verdadeira problemática da escolha. Em tal estética, a gênese artística não pode ocorrer como *ato*, pois a introdução do ato como gênese reduziria a razão analítica a uma instrumentalidade, a mera função hipostática da razão dialética, como já se admitiu, a título de limitação, para o *bricolage*. Mas a razão dialética, cuja existência Lévi-Strauss comete o erro de não contestar radicalmente, só o é se, por construção lógica, na relação com ela a razão analítica for gerada como fruição hipostática. Quando essa condição de prioridade não é reconhecida, o único órgão cognitivo que ainda sobrevive é a razão analítica, que deve fazer tudo sozinha. É exatamente o que ocorre no pensamento de Lévi-Strauss, que, como vimos, fala da razão dialética como de um instrumento da razão analítica, como de uma passarela "que a razão analítica estende sobre um abismo do qual não avista a outra margem" (PS, 268). O "estender diante de si" é peculiar ao ato de pensar, não porém ao juízo refletido, consciencial, sobre o pensamento: não pode ser nem uso do pensamento nem juízo do pensamento. O "pensante" não pode ser reabsorvido no "pensado" que ele produz.

5. CLAUDE LÉVI-STRAUSS, em AAVV, *Usi e Significatti del Termine Struttura*, por Roger Bastide, trad. it., Milão, 1966, p. 177.

Renovando os seus ataques contra os "caprichos" das artes não-figurativas, Lévi-Strauss, em *O Cru e o Cozido*, arrisca-se à tentativa de excluir definitivamente uma relação entre não-figuração moderna e caligrafia chinesa; como todos sabem, numerosos artistas modernos se inspiraram nesta última. Somente na aparência a caligrafia, expressão plástico-sensível sumamente admirada no Extremo Oriente, renuncia ao primeiro nível de articulação lingüística para servir-se do segundo; se assim fosse, argumenta Lévi-Strauss, a arte caligráfica perderia o poder de significar e, pois, participaria do destino das escolas de pintura moderna não-figurativa. Ao invés, a arte caligráfica chinesa repousaria em unidades que "têm uma existência própria na qualidade de signos, destinados por um sistema de escritura a cumprir outras funções" (CC, 39). Lévi-Strauss não deixa de aludir ao fato de que a compreensão dos ideogramas chineses não se confunde com a apreensão artística dos mesmos, devendo-se notar que também um erudito chinês ou japonês dos nossos dias pode encontrar dificuldades para decifrar um escrito antigo, sobretudo se o escrito, como ocorre freqüentemente, é traçado nas línguas abreviadas prediletas de muitos calígrafos (o *ts'ao-shu* chinês ou o *sôsho* japonês).

Segue-se daí um falso paradoxo, típico produto da impostação estruturalista dos problemas estéticos: podemos falar de experiência estética porque *não* compreendemos nada da mensagem transmitida, digamos, por Chang-Hsü (que escrevia no árduo *k'uang-ts'ao*) e ao mesmo tempo sabemos que, no fundo, há algo para ser compreendido, ao passo que se nada compreendemos, mas sabemos nada haver que precise ser compreendido, podemos acusar o calígrafo de ser apenas um não-figurativo empenhado em parodiar uma linguagem inexistente. Naturalmente, essas complicações resultam do fato de Lévi-Strauss nunca abandonar a falácia segundo a qual toda obra artística pode ser reconduzida a um sistema lingüístico, não dando um só passo que não seja iluminado pela luz de um código lingüístico e, conseqüentemente, pela confortável presença da estrutura. O que equivale a dizer que Lévi--Strauss, querendo subordinar a emoção estética à compreensão classificatória, postula a integração entre estrutura e contingência (integração da qual dependeria, como vimos, a emoção estética); no entanto, assim como não há um modo de demonstrar a presença daquela dupla articulação lingüística, que lhe parece vital por permitir-lhe manter bem distintos o dualismo natureza-cultura e, por conseguinte, a série de oposições e paralelismos traçada na *Ouverture* de *O Cru e o Cozido,* limita-se a afirmar que a estrutura está presente para além do processo cognitivo, o que é na verdade um modo ortodoxo de defender uma perspectiva teológica (na qual o inconsciente toma o lugar da divindade). A objetividade da estrutura está de tal forma radicalizada, que resulta independente, tal como deus, da compreensão do sujeito histórico. Portanto, é de presumir-se que se o etnólogo deparasse na selva uma pedra elaboradamente cortada, antes de decidir-se a experimentar uma "emoção estética" procuraria antes estabelecer que se trata de uma mensagem redigida numa língua desconhecida, e não do simples capricho de um selvagem renitente ao chamado da estrutura.

As implicações desta última observação serão talvez mais manifestas se o leitor relacionar a nossa tomada de posição com um discurso mais amplo, que compreenda não só a caligrafia chinesa e outras formas de escritura ideográfico-fonética como também a compilação de textos religiosos ou de destinação áulica no âmbito das civilizações ocidentais, ou um discurso que encerre os casos em que os signos gráficos são passíveis de veicular, como afirma Lévi-Strauss, "certas propriedades estéticas independentes das significações intelectuais" (CC, 40). Constatamos agora que o horizonte dos signos examinados, compreendendo os casos em que tratamos com uma contingência não redutível, a não ser por um ato de fé, à onipresente estrutura, não nos permite distinguir com precisão uma área plástico-caligráfica de outra não-figurativa. O caso da caligrafia chinesa afigura-se-nos interessante justamente por reconduzir-nos àqueles fatos lingüísticos dos quais Lévi-Strauss só se distancia com apreensão. De nossa parte, não pretendemos em absoluto negar a licitude de uma distinção, em nível abstrato, entre uma ordem de significados intelectuais e uma ordem de valores plásticos, mas sim sublinhar como tal distância é objetivada, privada de qualquer fundamento dialético, por Lévi-Strauss.

Todavia, como dizíamos, o exemplo da caligrafia insere-se em um discurso mais amplo que conduz à música e à pintura e no qual, pelo que respeita a esta última, os dardos do etnólogo se dirigem contra aquela que, adotando a terminologia de *O Pensamento Selvagem* e de *O Cru e o Cozido*, havíamos chamado de não-figurativa e que agora, desenvolvendo a nosso modo o mesmo discurso, para maior clareza chamaremos de anicônica. Também neste caso o ponto de vista de Lévi-Strauss nos servirá de ponto de partida, útil também para delinear alguns parentescos, possivelmente menos óbvios, do seu pensamento com o de outros estudiosos diversamente ancorados à estética do objetivo. A opinião do cientista é claramente expressa na *Ouverture* de *O Cru e o Cozido*: partindo da convicção de que a pintura, como de resto toda linguagem, deva combinar dois níveis de articulações (ou signos icônicos correspondentes aos monemas dos lingüistas, de um lado, e formas e cores não providas de significados autônomos e correspondentes aos fonemas, de outro), refuta ele a pretensão da pintura anicônica moderna de construir um sistema de signos em um único nível de articulação. Algures já havia Lévi-Strauss denunciado a desfrutação metódica, por parte de tal pintura, da contingência da execução, que ela se ilude em substituir à "ocasião externa" do quadro (PS, 47).

O dogma da dupla articulação, denunciado por Eco[6], é introduzido mais ou menos sorrateiramente nos escritos de numerosos teóricos e críticos da pintura moderna e está bem no centro de uma mais complexa dogmática enquanto implica, antes de mais nada, uma cisão entre natureza e cultura, conteúdo e forma, sentimento e expressão. Essa fratura, além de ser considerada como encontrável no passado da arte, é prescrita por Lévi-Strauss como esquema insuperável para qualquer arte futura. Por isso mesmo, Lévi-Strauss arrisca também uma formulação teórica do fenômeno estético (contrariamente ao que faz Umberto Eco), e isso o obriga a introduzir em seu discurso a avaliação estética, tornando necessário fornecer as razões pelas

---

6. «É *errôneo crer:* 1º) que cada ato comunicativo se fundamente em uma 'língua' afim aos códigos da linguagem verbal; 2º) que cada língua deva possuir duas articulações fixas. *E é mais produtivo adotar:* 1º) que cada ato comunicativo se fundamente em um código; 2º) que cada código *não* tenha necessariamente duas articulações fixas» (*Op. cit.*, p. 137).

quais uma obra moderna, informal ou de algum modo não-naturalista, não é uma obra artística (enquanto artísticas seriam, naturalmente, as pinturas de Ingres e Joseph Vernet, de quem ele fala com tanta nostalgia nos *Colloqui*)[7]. Outrossim, essa fratura entre conteúdo e forma, mesmo admitindo que para novos conteúdos se necessitem novas formas, sanciona uma separação, legítima, entre "*algo* que vem antes" e "*algo* que vem depois" (de natureza formal, *a posteriori*) e uma outra separação, ilegítima, entre "*aquilo* que deve vir antes" e "*aquilo* que deve vir depois" (de natureza conteudística, *a priori*). De fato, a escolha do *conteúdo*, "daquilo que deve vir antes", de primeiro nível deve ser livre de toda retroação das escolhas de segundo nível (as dos meios de expressão). Caso contrário, é o segundo nível que determina o primeiro, sendo, portanto, na realidade, o primeiro. Essa inversão da ordem de sucessão dos níveis da linguagem artística resolve-se em um exorcismo do "conteúdo" que vai da exclusão *intensiva* à *qualitativa,* da refutação da agressão como mensagem[8] à adoção de regras aristotélicas, à *estilização* dos conteúdos (e surpreende que Eco, mesmo refutando o dogma da dupla articulação, continue a admitir como boa a lição de Aristóteles, que desse dogma tira as mais extremas conseqüências). De fato, essa inversão se traduz numa limitação das possibilidades de conteúdo artístico.

Enquanto diga respeito mais especificamente a uma articulação, ou, nas palavras de Eco, enquanto funcione "como oposição intencional aos códigos figurativos e matemático-geométricos que nega"[9], a limi-

---

7. As mesmas observações também se aplicam a um crítico de Eco, CORRADO MALTESE, autor de um artigo intitulado «Strutturalismo e Figurazione», em *Problemi*, n. 10, jul.-ago./1968. Sustentando um ponto de vista análogo ao de Lévi-Strauss, Maltese observa como «a engenhosa fórmula da mensagem estética, que é tal porque reclama a atenção sobre si mesma, só faz consagrar, revestindo-a de roupagens filosóficas e semiológicas, uma pouco brilhante situação contemporânea». E pouco adiante, ainda compartilhando o parecer do etnólogo, ajunta: «Na realidade, segundo penso, toda efetiva colocação em questão do código só se verifica porque o código em uso se revela insuficiente para denotar, e ocorre instituir novas correspondências biunívocas, ou ao menos recíprocas, isto é, modificar o antigo código, renovando-o ou introduzindo um novo. Mas uma forma que institua uma correspondência biunívoca apenas consigo mesma é de fato *coisa*, e equivale a um dado de natureza e é 'mensagem' somente dentro destes termos» (p. 446).

8. Cf. CORRADO MALTESE. «Strutturalismo e Figurazione», *cit.*, p. 451: «Um empurrão só pode ser recebido como 'mensagem' se não superar uma certa intensidade, além da qual já não é mensagem, mas 'agressão'», etc.

9. *Op. cit.*, p. 160.

tação que a arte transpõe é precisamente a de não dever ter por "conteúdo" aquilo que deveria ser em seguida o meio de expressão desse conteúdo: na terminologia semiológica, ela usa como código a sua própria mensagem. O erro censurado por Lévi-Strauss é pois simetricamente inverso ao da *estilização,* ou seja, ao erro pelo qual aquilo que será o meio de expressão pretende limitar, com uma espécie de *feed-back,* o seu conteúdo. No primeiro caso a mensagem invade o código; no segundo, o código limita a mensagem. Todavia, a invasão do código pela mensagem está subordinada à existência de um limite imposto à mensagem pelo próprio código. Portanto, é a dupla articulação em si, como esquema da linguagem artística, que impõe um limite à mensagem, mesmo enunciando-lhe a absoluta independência e prioridade em relação ao código. Esse exorcismo mais fraudulento do existencial e do que é em si material já se encontra em ato, por exemplo, no rigor com que um crítico como Yvor Winters defende a separação entre aquilo que se quer exprimir e os meios a serem usados para exprimi-lo[10].

Também nas artes figurativas é evidente que o pintor que deseja imitar na tela o mais confuso combate bélico, segundo certo cânone de iconicidade ou certas correspondências biunívocas privilegiadas, deve fazer surgir a "desordem" pela "ordem", sendo um o fim e outro o meio. Mas, na realidade, essa contraposição entre desordem e ordem é inteiramente inessencial para a compreensão da separação, não só porque se refere a um caso particular mas também porque o efeito mimético é sempre o de uma ordem, mesmo quando aquilo que se representa pareça ser o homólogo da desordem real. A catarse aristotélica é, sob este aspecto, o mais típico *efeito de ordem* que se pode imaginar. A arte icônica, no fundo, exprime sempre a ordem através da ordem. O ordenamento como princípio estético, a imposição de uma seleção e do próprio nível "natural" sobre o qual essa seleção opera é ainda o ato mediante o qual o objetual (ou seja, o conteúdo material, emocional ou evêntico) é transformado em objetivo, em dado cultural abstrato.

10. Cf. YVOR WINTERS, *In Defense of Reason,* Univ. of Denver Press, 1947. Reaparece no volume de Winters a tese segundo a qual exprimir a desordem exige o máximo de ordem (ex. p. 62).

Por conseguinte, é falsa e vazia a possibilidade deixada por Lévi-Strauss e outros à arte mimética, de dar formas sempre novas a conteúdos novos, uma vez que a fórmula da arte mimética exclui por si só a novidade, além de um certo grau ou de uma certa qualidade; e a novidade, por outro lado, além desse grau, exclui a dupla articulação icônico-mimética. O grau de novidade de um "conteúdo" não se mede unicamente com base em um nível de conteúdos pré-fixado, mas, antes, a infração desse limite é que constitui a única novidade possível. A novidade da mensagem não consiste, como acredita Lévi-Strauss, na substituição, nas telas dos pintores, das maneiras setecentistas por tugúrios oitocentistas; a novidade da mensagem é também, sempre (e não sempre sucessivamente), novidade do código[11]. E na medida em que código e mensagem se vinculem entre si, é sem dúvida diversa a segunda das tendências estéticas e dos períodos históricos. Trata-se de obras cuja mensagem parece totalmente desvinculada do código, obras feitas propositadamente para serem traduzidas numa forma diversa da própria. Quando Umberto Eco indica como prova da riqueza estrutural de *Os Noivos* a possibilidade de reduzir tal obra à história em quadrinhos sem graves perdas da "mensagem", deveria também dizer que essa obra possui uma mensagem, e portanto uma estrutura, que por sua vez vem a ser a tradução de uma outra mensagem, ou de outras mensagens[12]. Traduzi-la em mensagem ético-religiosa

---

11. Sobre este ponto vale recordar a posição extrema assumida por MIKEL DUFRENNE em L'Art est-il langage?, *Révue d'Esthétique*, jan.-mar./1966. Sustenta Dufrenne: «L'art inspiré n'écrit pas sa propre grammaire, il l'invente et la trahit en l'inventant; il est d'autant moins une méta-langue qu'il n'est pas même une langue»*. E pouco adiante: «Chaque oeuvre comporte sa propre sémantique, en sorte que toute traduction lui est inégale»**. Enquanto se abstêm de considerar as dimensões históricas da obra artística, além das estéticas, essas teses de Dufrenne se *I Promessi Sposi* («é uma grande obra de arte justamente por causa de sua oposição às de Umberto Eco, como demonstra, por exemplo, a exaltação complexidade, por ser um sistema de sinais», *Op. cit.*, p. 143).

* A arte inspirada não escreve sua própria gramática; inventa-a e, inventando-a a trai; é tanto menos uma metalíngua quanto não é sequer uma língua.
** Cada obra comporta sua própria semântica, de sorte que toda tradução dela é desigual. (N. do T.)

12. Não surpreende encontrar um equivalente exato da argumentação de Eco numa página de Jakobson, onde se afirma: «Vários processos estudados pela poética não estão evidentemente circunscritos à arte da linguagem. Basta pensar que é possível transpor *Wuthering Heigths* para um filme, transferir legendas medievais para afrescos ou miniaturas, ou *L'Après-Midi d'un Faune* para uma composição musical, para um bailado, para um trabalho de arte gráfica. Por ridícula que possa parecer a idéia de traduzir a *Ilíada* e a *Odisséia* numa história em quadrinhos, certos traços estruturais da ação se manteriam, não obstante a desaparição da veste lingüística» (*Op. cit.*, p. 182).

seria o mesmo que remontar à mensagem originária. Fazer dela uma história em quadrinhos é simplesmente usar palavras mais pobres para a mesma prédica.

Mas outras obras, pelo contrário, têm sua estrutura em si próprias. A refutação da dependência entre a arte e a natureza é a refutação: 1) de uma "natureza" determinada que é o resultado de uma escolha cultural, como demonstram as revoluções parciais operadas na pintura durante o período que vai do impressionismo ao cubismo; 2) da existência de uma natureza em absoluto como dado de fato independente da atividade humana; 3) da distinção teórico-estética entre natureza e cultura, estrutura e contingência, mensagem e código, etc. A obra anicônica, ao nível único de articulação, refuta a existência de uma natureza *a priori,* seja ela humana, divina ou material. Quer admitindo uma pedra bruta como obra-de-arte, quer elaborando uma obra que seja ao mesmo tempo código e mensagem, o ato fundamental é sempre o de negar um dado de fato natural distinto de um nível cultural. No primeiro caso, o dado de fato (natureza) é proclamado artístico (cultura), no segundo a arte (cultura) é proclamada dado de fato (natureza). Mas ambas as operações têm em mira a negação da divisão entre natureza e cultura. Essa divisão permitiu os equívocos das várias revoluções parciais (verismo, impressionismo, cubismo, etc.), que apresentavam a sua poética como um meio de assimilar mais autenticamente a realidade, quando essa realidade nada mais era que o produto da operação poética por elas conduzidas.

A síntese de natureza e cultura, realizada por uma arte consciente de ser realidade de primeiro grau, efetua a síntese de conteúdo e forma, que o idealismo crociano havia ou afirmado abstratamente ou fundado em uma realidade histórica inadequada, justo porque concebida como um dado e não como um projeto prático. O idealismo, noutros termos, havia construído uma estética da síntese de conteúdo e forma, da individualidade da obra de arte singular, da independência do momento estético, partindo, porém, de obras estruturadas sobre a dupla articulação. Tratava-se de uma síntese puramente abstrata ou crítico-fruitiva, resultando ambos os casos em prejuízo da inteligência da verdade histórica: a síntese, nem projetada nem realizada, era reconhecida como despropósito em obras determinadas pela fratura, sendo ao mesmo tempo considerada como uma verdade eterna e adquirida. Daí a debilidade crítica, de outra maneira incompreensível, de pensadores como Croce. Daí, por outro lado, a debilidade da ousada tomada de posição de Oscar Wilde, que unicamente através da criatividade do "momento crítico" procedia à avaliação total da relação dialética com a objetualidade da obra.

O objetivismo estético, em última análise, consiste em ter como certo um esquema onde se contemplam separados dois níveis de articulação da linguagem artística, um natural, outro cultural, e em subordinar toda novidade (de mensagem e código, de conteúdo e forma) à adequação de um nível à insurgência de um alargamento ou mutação do outro. Ambos os níveis são, porém, limitados um pelo outro, sendo sua separação uma separação objetiva, e não uma distinção dialética, o que torna reciprocamente limitado ou improvável qualquer alargamento ou mutação próprios e verdadeiros. A história da arte foi determinada pelo cruzamento de duas ordens de aquisição: a ordem daquilo *que se deve* fazer e a daquilo *que se pode* fazer, paralelas à dicotomia de conteúdo e forma. Eram elas complementares e, portanto, reciprocamente limitadas; a aquisição de uma regra era complementar a sua infração, à descoberta da possibilidade de infringi-la. Essa segunda aquisição não constituía em absoluto uma liberdade, mas uma captura posterior de mensagens exorcizadas, sendo por isso mesmo uma aparente prova da fecundidade do sistema estético. Neste sentido, toda a evolução da arte icônica consistiu simplesmente em forçar as regras de um sistema estético em nome do próprio sistema. No entanto, a verdadeira revolução anicônica foi preparada também por esta contraprova no interior do sistema icônico: antes de sair da jaula do sistema, a mensagem chocou-se contra as paredes em todas as direções, deformando-se variamente. Uma vez livre do código, já não é mais fruível através do código. O código era um limite e uma cornija, um sentido determinado, a expectativa criada e a resposta a uma expectativa: durante séculos e séculos, por exemplo, os pintores introduziram novos pontos de fuga na perspectiva, sem ousar renunciar à perspectiva, elemento integrante de um código mimético preciso. Tudo isso corresponde a um gosto da ordem e da previsibilidade, ou, se se quiser, do desordenado e do imprevisível, porquanto, como dissemos, essa bipolaridade é sistemática, paralela à de cultura/natureza, estrutura/contingência, forma/conteúdo[13].

Obviamente, essa mensagem "libertada" já não é a mesma mensagem de antes. Não é mais mensagem do que código. Mas tampouco será a fusão crociana dessas duas polaridades, operada *a priori*. A arte anicônica introduz um novo gosto, dá um novo sentido à liberdade, mas acima de tudo realiza um diferente projeto de novidade. O gosto, como anteriormente afirmamos, prescinde da alternativa previsível/imprevisível, a liberdade não se contrapõe à lei, a novidade não se apresenta como tal. A novidade como tal contrapõe-se a uma norma, a um conjunto de regras, a uma tradição. Portanto, a obra anicônica é também fruível como mensagem quando contraposta a uma tradição que ela nega: mas nesse caso não se compreende que ela negue não uma determinada tradição, um determinado código, mas a tradição ou o código em si mesmos. Ao sistema icônico, pois, sucede o sistema anicônico, como negação constante de todo sistema, e não como negação do sistema precedente. Mas esse novo gênero de negação pode não conver-

---

13. Ao levar em consideração a perspectiva que traçamos, o leitor erraria se tentasse incluir certas tradições anicônicas, principalmente as conexas à história das religiões monoteístas. A arte anicônica não é anti--icônica. A anti-iconicidade, ou iconoclastia, é um reconhecimento de valor estético (contraposto ao ético-religioso) conferido à arte icônica. Portanto, pressupõe uma estética iconológica, antes um supersticioso temor do poder da arte, enquanto iconicidade, de desviar o fruidor do justo relacionamento com o deus inexprimível e irrepresentável, e de duplicar aquele real que é obra divina. (Cf. ANANDA K. COOMARASWAMY, *The Transformation of Nature in Art*, Nova York, 1934, onde se justifica a assertiva dos teólogos muçulmanos segundo a qual o único artista verdadeiro é Deus, e onde se nota, entre outras coisas, que «a metáfora de Deus como artista supremo comparece também na tradição cristã» (p. 21). A *religio* é claramente operante no aniconismo protestante, radical na teologia da Reforma, assim como o foi na realização da tumba de Jahangir (em Lahore), decorada com os 99 atributos do deus; e ainda é operante, como se sabe, na iconoclastia iluminista. A emoção pela obra mimética é, de fato, fundamentalmente, emoção pela substituição autônoma do objeto humano pelo objeto divino-natural. A arte anicônica moderna radicaliza tanto a substituição quanto a autonomia, tornando o objeto artístico real em si, sem remetê-lo ao divino natural e refutando aqueles critérios de substituibilidade parcial que são as correspondências icônicas, para reivindicar a contraposição absoluta, a negação do divino-natural. A obra anicônica faz-se *ídolo*, do ponto de vista religioso. A arte anicônica tolerada pelas religiões monoteístas era decorativa, ou sustentada por uma estrutura alheia: não só não era mensagem, mas era acessória também relativamente ao código, mera redundância. Eliminada a remessa ao «conteúdo», divino--natural, vem a faltar um metro estético, o da mensuração da aproximação de um certo «real», que era construído com critério de correspondência *razoavelmente* biunívoca entre obra por fazer e «dado». O abstrato monoteísta pode ser considerado como uma tradução icônica do abstrato divino: nesse caso, ícone e signo coincidem.

ter-se em um novo gênero de sistema unicamente sob a condição de substituir o predomínio do objetivo pelo do subjetivo. A receptividade da obra é agora tão criativa quanto a crítica preconizada por Wilde; porém, predomínio não significa unilateralidade absoluta: em certa medida e relação, o conceito de "obra em si" cumpre uma função dialética de si mesma, aquela que nos impede de cometer o erro de desfrutar um quadro de Rafael como se fosse de um Poliakoff ou de um Burri, ou seja, de transpor aquela realidade histórica única que nos permite apenas uma fruição anicônica: *a realidade histórica pela qual algumas obras foram criadas dentro da dupla articulação e outras, ao contrário, fora desse sistema estético.* Subestimar esse "em si" da obra, esse dado objetivo, equivale a subestimar o ato criativo que produziu aquilo que é "novo pelo novo", e distinguir (ao invés de confundir, como se poderia pretender) o ato criativo-poético do ato criativo-crítico: no entanto, se esses dois atos se devem sintetizar em um só, devem pelo menos coincidir.

A função do objetivo em estética é a de estabelecer uma conexão entre o ato poético e o ato crítico, mesmo quando tais atos tenham dois sujeitos diversos: o objetivo, nesse sentido, resulta de uma *intersubjetividade*. Tanto o ato poético quanto o ato crítico podem ser considerados criativos e individuais, mas existem duas vias diferentes para considerá-los sintetizáveis teoricamente em um único ato artístico criativo: fazê-los coincidir de tal forma (e portanto *a priori*) que tendam a constituir a unidade de uma ou de outra parte, de um sujeito (o artista) ou de outro (o crítico). Por essa via, o ato do artista e o do crítico são considerados independentes um do outro. Mas não há dúvida de que por essa mesma via o ato criativo fique ainda uma vez separado do ato crítico-fruitivo. A outra via é o de admitir somente *a posteriori* a coincidência possível. Ou seja, admitir a coincidência possível somente na presença de uma obra adequada, e não antes dela. Neste sentido, a função objetiva da obra torna-se garantia da determinação de um ato criativo qualquer. Essa função constitui também aquilo que distingue o ato criativo do ato crítico, enquanto apanágio do crítico, o que permite a identificação entre si de um e outro ato. A diferença (o subjetivo crítico) instrumentaliza como sua própria função a identidade da obra, a sua "diversidade" objetiva. Não fosse tal função, uma função crítica anicônica desconheceria a diferença entre um Rafael e um Poliakoff e, conseqüentemente, se absolutizaria em "momento" independente.

Para ser efetivada deve a diferença antes de tudo ser concreta e, por isso mesmo, prática: assim como o poético é a modificação do concreto, o crítico é o reconhecimento do concreto, do poético como intervenção prática (da intervenção prática, isto é, daquilo que determinou uma obra anicônica concreta). Desse modo, o momento poético não se torna objetivo senão pelo fato de ser ressaltado por meio de um segundo ato criativo, que concorre para hiperdeterminar um valor artístico unitário. A natureza intersubjetiva e, portanto, social da arte, funda-se no reconhecimento do sujeito "outro" e do seu vínculo histórico e prático com o sujeito autoconsciente. O que vem "antes" não é nem a mensagem estrutural nem a regra (o código institucionalizado), mas a obra enquanto ato prático. E a compreensão desse ato com o ato crítico, ou seja, o tomar em conjunto o ato de outrem e a própria autoconsciência, é o que determina a subjetividade artística como intersubjetividade, a sua determinação como hiperdeterminação. Essa operação, contudo, pode ser efetuada em um único sujeito através de dois momentos distintos, dos quais o segundo faz do primeiro um objetivo (do qual extrai o concreto) e o primeiro renasce na atividade do segundo como ato, dele extraindo uma perpetuação de si mesmo como ato.

A função de objetividade da obra (criticamente atribuída à obra) é salvaguardar o concreto e o atual. De fato, ela pode ser apenas o ato de um sujeito; tal ato não é arbitrário enquanto se propõe como relação intersubjetiva e, por isso mesmo, como salvaguarda do sujeito criador "outro". Tal função não pode ser atribuída a uma obra que explicitamente a negue, enquanto construída sobre o esquema prescrito por um sistema estético objetivo não dialético que separe nitidamente, de um lado, o dado artístico de sua fruição e, de outro, o nível das mensagens do nível dos códigos. Assim, poderíamos talvez ser levados a concluir que a obra "adequada", a obra que é "em si" anicônica, podendo dessa forma prestar-se a uma função crítica anicônica e à avaliação positiva com base em princípios de uma estética anicônica, deva por esse motivo corresponder a regras. Em outros termos, poderíamos indagar se o sistema icônico não viria a ser substituído por um outro sistema próprio e verdadeiro, o anicônico. E, admitindo-se que o segundo seja a negação do primeiro, poderíamos objetar que ele é também *o negativo* do primeiro, quer dizer, limitado pelo primeiro. O limite da arte anicônica seria a impossibilidade de ela ser icônica, o que seria igualmente o fundamento do seu caráter de novidade. Mas o sistema anicônico, se assim podemos defini-lo, funda-se na exclusão da exclusão, ou seja, do sistema, e não de um determinado sistema. O icônico é, pois, indiretamente negado em seu fundamento exclusivo, e a impossibilidade de o anicônico ser icônico é, na realidade, uma extrema improbabilidade quanto aos resultados poéticos; somos induzidos a esta última reflexão, por exemplo, pelas pedras chinesas, geralmente em esteatita, talhadas e polidas com a finalidade de obter sugestivos efeitos através de sua variação, num procedimento que em substância não está distante daquele empregado atualmente na Itália para lavrar a estiolita ou pedra *paesina*. Ao contrário, pelo que respeita ao ato poético em si, e não mais à sua fruição, ele não pode ser senão livre, e essa limitação não pode ser considerada uma limitação da liberdade.

5. SOBRE A GÊNESE DA LINGUAGEM

> *No interior de toda criação lingüística vigora o contraste do expresso e do exprimível com o inexprimível e o inexpresso.*
> WALTER BENJAMIN, *Sobre a Língua em Geral e Sobre a Língua dos Homens.*

Embora apressando-se em declarar que o problema da gênese da linguagem não é etnológico, Lévi-Strauss, na última página dos *Colloqui,* não hesita em definir como fundamental esse problema cuja resolução implica a resolução de qualquer outro problema: "Resolvam o problema da natureza e origem da linguagem, e poderemos então explicar o resto: o que é a cultura e como se manifestou; o que é a arte, a técnica da vida material, o direito, a filosofia, a religião". Não admira tanta excitação, já que, se para Lévi-Strauss a linguagem é estrutura, o problema da gênese da linguagem se identifica, em sua perspectiva, com o problema da gênese da estrutura. E como a estrutura levistraussiana é, a exemplo da linguagem, um dado de fato objetivo *a priori,* sendo a descoberta de sua gênese, de um modo ou de outro indicada como essencial, remetida a outro domínio (a cibernética) com um certo pessimismo, não nos surpreendemos quando ele reassume a sua tomada de posição na lapidar sentença que encerra os *Colloqui:* "Para nós a linguagem é dado".

A estrutura, como finalmente sabemos, não é considerada uma construção do sujeito humano, mas alguma coisa *a priori* que condiciona, determina e funda o próprio sujeito como tal. O problema da gênese parece impor-se como insolúvel no momento em que, para resolvê-lo, se necessite descobrir aquilo que é impossível porque não existe: com efeito, a construção da estrutura, precisamente por não ser admitida como o resultado de um ato de construção, é a inconsciência de um gerante não gerado. A estrutura é construída por Lévi-Strauss como alguma coisa não construída "por construção": exatamente como deus. Segue-se daí que a solução do problema da gênese da linguagem não só pode ser eternamente adiada, ou melhor, reabsorvida por sua própria postulação, do mesmo modo como a pergunta sobre quem criou deus se reabsorve em si mesma.

Porém, atentemos para uma passagem onde Lévi-Strauss parece afrontar com decisão o espinhoso problema:

Quaisquer que tenham sido o momento e as circunstâncias de sua aparição na vida animal, a linguagem nasceu necessariamente de repente. É impossível que as coisas tenham começado a significar progressivamente. Depois de uma transformação, cujo estudo não depende das ciências sociais, mas da biologia e da psicologia, verificou-se uma passagem de um estágio em que nada possuía um sentido para outro em que tudo possuía algum (*Introduzione,* L).

Pouco mais adiante, Lévi-Strauss traduz essa reelaboração (que suspeitamos inconsciente) do célebre mitologema do nascimento de Minerva da cabeça de Júpiter em termos lingüísticos:

O fato é que as duas categorias do significante e do significado foram constituídas simultânea e solidamente, como dois blocos complementares, mas o conhecimento, isto é, o processo intelectual que permite identificar, uns em relação aos outros, tanto os aspectos do significante quanto os do significado (...), se pôs a caminho muito lentamente.

Pensamento e linguagem, não por acaso distintos para Sartre e assimilados para Lévi-Strauss, recolocam a temática de sujeito e consciência. Numa concepção dialética, porém, eles são distintos e se relacionam, sendo a linguagem uma função hipostática do pensamento, do mesmo modo como o idêntico é uma função hipostática do diferente. Mais precisamente, a função realizada pelo pensamento na linguagem é a da auto--identificação. Que o "significante" preceda e determine o significado é uma verdade conseqüente à existência da própria linguagem e não pode de nenhum modo ser aduzida para esclarecer o seu nascimento. Ao contrário, se nos colocassem honestamente a questão da gênese da linguagem, caberia pelo menos hipostatizar a existência de um antes-da-linguagem. Neste caso, se o significante não for assumido por construção como um não-significado, retornamos ao problema do que significa o significante. Distinguem-se agora um sujeito significante, um significante verbal e um significado. A primariedade ontológica do sujeito significante é ainda a diferença, no sentido por nós ilustrado mais adiante. Se a afirmação de que o significante precede e determina o significado quisesse, por parte do teórico da linguagem, simplesmente indicar que o ato da significação precede e determina o seu resultado, tal distinção seria inútil. Mas a afirmação do teórico da linguagem afasta-se um grau da nossa: o significante, aqui, possui já um valor objetivo, é um objeto verbal. Com esse afastamento, o pensamento é anulado pela linguagem, reaparecendo em seguida, devidamente objetivado, no "significado". O que se subentende é que a linguagem precede o pensamento, da mesma maneira que o Verbo precede o homem. Numa concepção humanista e dialética, ao contrário, considerando-se que o significante verbal precede o significado, é o sujeito significante que precede o significante verbal que se reduz a significado. Dessa forma, o sujeito significante se hipostatiza em significado por meio do significante verbal.

Se o significante-sujeito é um auto-significante que se projeta objetivado no significante verbal, ou de alguma maneira fonético, e se a essa primeira auto--objetivação se sucede o significado como abstração posterior, enquanto o consideramos independente não do verbo significante, mas do sujeito significante cujo verbo é o ato, a linguagem, identicamente à realidade de fato, é admitida por Lévi-Strauss como "dado" — é o "significado", que, justamente enquanto abstração, converte-se em estrutura da própria linguagem: converte-se, em suma, naquilo pelo qual a linguagem é estrutura. Nesta acepção particular, a linguagem nada mais é do que a "língua dominante" de que falava Walter Benjamin no ensaio *Sobre a Língua em Geral e Sobre a Língua dos Homens*[1].

O significado, ao contrário, não nasce como tal. O problema do nascimento da linguagem não pode ser encarado como o problema do nascimento de uma abstração conjunta, pois nenhum sujeito significante o é enquanto se propõe, ou concretize, a criação de uma linguagem, de um "significado". E o mesmo vale para o "significante", que, segundo Lévi-Strauss, é um objeto que assumiria a função de sujeito (enquanto *determina* o significado) e que, ao contrário, em uma concepção dialética não pode ser senão a função objetiva de um sujeito. Um sujeito significante o é somente enquanto realiza um determinado significante, e o fato de que esse significante seja ou não verbal, ou "linguagem" no sentido abstrato explicitamente atribuído a esse termo por Saussure, embora (como afirma, por exemplo, Walter Benjamin) não seja julgável apenas com critérios posteriores ao nível determinado pelo ato. Esses critérios são elaborados para operar a distinção na medida em que se mostram incapazes de enfrentar o problema da gênese do verbo. Com efeito, ao objeto é conferida a costumeira autonomia numinosa que decorre da ausência do sujeito histórico; na frase de Lévi-Strauss, o "significante" que precede e determina o significado é a personalização do objetivo, do coletivo *a priori*. O verdadeiro sujeito é posto de lado e substituído por um sujeito gramatical-ontológico.

O nível em que se torna possível julgar se a determinação do ato, o significante determinado pelo

[1] WALTER BENJAMIN, *Angelus Novus*, trad. it., Turim, 1966, pp. 64 e ss.

sujeito, é linguagem, ou seja, se possui o grau de abstração desejado, não é mais o do significante, mas o do significado: porém, se o significante precede e determina o significado, é ao nível do significante que se deveria saudar o nascimento da linguagem, e não ao nível do significado. Como dissemos, o significante de Lévi-Strauss tem uma autonomia construída, é um significante feito "persona". Mas o que decorre de todas essas considerações é uma nova antinomia, pois que, se de um lado o significante e o significado constituem dois blocos "simultânea e solidamente" complementares (precisamente o que quisemos contestar), de outro, como se pode recordar, o significante, hipostaticamente privilegiado, "precede e determina o significado" (alternativa que fazemos nossa, mas não na acepção estruturalista do termo significante). Trata-se do habitual procedimento em razão do qual Lévi--Strauss dispõe de um dualismo, admitindo ora a superdisponibilidade, ora a oposição das polaridades implicadas; postulando, pois, a unidade intermitente, mas objetivista e não dialética.

Vale a pena sublinhar, agora em plena concordância com o etnólogo, que estamos ainda diante dos resultados de uma impostação filosófica kantiana. Como se sabe, Lévi-Strauss compraz-se sempre em retornar a Kant, e em *O Cru e o Cozido,* depois de declarar que o seu problema continua a ser o de "atingir um nível em que se revele uma necessidade imanente às ilusões da liberdade" (25), oferece uma eficaz demonstração de aderência à causa do kantismo. Aceita ele sem vacilar a qualificação de "kantismo sem sujeito transcendental" imposta por Paul Ricoeur ao seu método de investigação, explicitando:

> Todavia, parece-nos que, antes de assinalar uma lacuna, essa reserva seja a conseqüência inevitável, no plano filosófico, da escolha, que fizemos, de uma perspectiva etnográfica, já que, quando nos pusemos a investigar as condições com base nas quais certos sistemas de verdade se tornam mutuamente conversíveis e podem, por isso, ser simultaneamente aceitáveis para vários sujeitos, o conjunto dessas condições assume o caráter de objeto dotado de uma realidade própria e independente de cada sujeito[2].

Na verdade, o sujeito transcendental sobrevive imperturbado, embora Lévi-Strauss finja tê-lo desem-

---

. 2. Cf. «Intervista con Claude Lévi-Strauss», *cit.*, p. 37: «Minha pesquisa incide essencialmente sobre as 'constrições' mentais, sobre categorias».

baraçado, sob a pele daquilo que definimos como um sujeito coletivo *a priori*, e a presença de tal sujeito é de relevância, se considerarmos o que dissemos anteriormente sobre esse argumento, até mesmo nesta última citação (onde "vários sujeitos" se convertem, de fato, em um "objeto independente de cada sujeito" e, pois, em uma realidade autônoma *a priori*, a qual, exatamente por seus atributos de independência, verdade e realidade absoluta, não se diferencia da máxima subjetividade transcendental, a numinosa). Sem querer insistir em quanto já foi dito, notemos que as antinomias por nós assinaladas refletem ainda as precárias tentativas kantianas de equilibrar-se entre realismo e idealismo, entre mundo natural e mundo racional, entre condições materiais e transcendentais do juízo: a falência do projeto de compreender "cientificamente" o mundo, de modo a excluir toda antinomia, revela-se no pontual ressurgimento das contradições não resolvidas, nas intermitentes passagens (talvez inconscientes, com certeza não dialéticas) da polaridade subjetiva à objetiva. O desenvolvimento da teoria estruturalista do significante e do significado revela-se inseparável do ressurgimento de uma negatividade que, representando-se não mediada por um sujeito histórico, solapa pelas bases qualquer movimento do pensamento.

Isso posto, podemos avançar, por nossa vez, uma hipótese baseada em uma concepção dialética e não hipostatizada do sujeito significante. Se é verdade que a linguagem não nasce, enquanto tal, como Minerva da cabeça de Júpiter, mas sim como hipostatização de um significante que é por sua vez significado de outro significante, resta-nos ainda considerar a hipótese de uma progressividade dialética na gênese da palavra. É a hipótese implícita *in nuce* no seguinte comentário de um agudo crítico de Lévi-Strauss, Pierre Verstraeten:

> En effet, jamais la vérité ne surgira du déploiement interne d'un système de signes; le discours n'accédera à la vérité que s'il accepte de contester sa nécessité signifiante pour la référer à l'arbitraire originaire où il se constitue[3*].

3. PIERRE VERSTRAETEN, Lévi-Strauss ou la Tentation du Néant, *Les Temps Modernes*, jul. 1963, p. 509.

* Com efeito, jamais a verdade surgirá do desdobramento interno de um sistema de signos; o discurso não chegará à verdade senão aceitando contestar sua necessidade significante para referi-la ao arbitrário original em que se constitui. (N. do T.)

Se o grito dos animais pudesse ser reconhecido como subtenso entre a pura objetividade (quer dizer, a subjetividade não histórica) e a auto-significação inconsciente, essa relação poderia implicar a condição preliminar para que o significante seja percebido simultaneamente como alteridade e identidade. Ou seja, a expressão de si mesmo do sujeito é inconsciente, no rugido primordial, somente até o momento em que o sujeito se percebe como alguma coisa diversa desse rugido. Se o rugido é "outro", se é uma diferença, a consciência nasce como uma função da diferença, e com ela nasce uma relação intersubjetiva entre os dois significantes, o sujeito e o rugido. Na autonomia do rugido como objeto, o sujeito ativo efetua uma hipostatização consciencial. A linguagem nasce onde nasce o objeto, o objeto onde o significante se torna autônomo, mas a autonomia do objeto é uma função do sujeito, da diferença. A autonomia da linguagem e o seu próprio ser desvinculado do significado nascem como autonomia e desvinculação do sujeito. A autonomia do "significante" é a autonomia dialética do consciencial e é ainda, portanto, a autonomia dialética de um "significado" considerado autônomo por um sujeito no ato em que este último difere, e construído pela repetição de um diálogo aberto pela diferença. Nossa hipótese refere-se claramente a uma linguagem que emerge como autolinguagem. Segundo essa hipótese, com efeito, a projeção fonética de um sujeito efetiva a sua diferença, a sua hipóstase em um "outro", a dialeticidade, ou seja, o diálogo entre a unidade e a desunidade de duas "personae", e determina um "significado" repetível e extensível a tudo o que seja "outro", quer dizer, a todos os objetos naturais. Mas, evidentemente, ainda estamos longe daquilo que Lévi-Strauss entende por "linguagem". Por exemplo, a extensibilidade *por alteridade* de uma significabilidade é apenas a condição preliminar, porque o som "maçã" pode não ter qualquer relação concreta com o significado "maçã", e isso, como dissemos, na trilha de um processo iniciado quando a auto-significação animalesca toma consciência de si mesma enquanto alteridade: o que a linguagem assinala é uma originária ausência de relação com o objeto (um "arbitraire originaire", segundo a expressão de Verstraeten), a qual, exatamente pelo fato de ser percebida como tal, estabelece a divisão interna que permite o diálogo. A linguagem é um diálogo com o "diverso" empreendido pelo "diferente", um diálogo com o objeto empreendido pelo sujeito, onde o sujeito exprime fundamentalmente a diferença daquilo que "existiu", a diferença entre o rugido e o rugidor, diferença essa que, ao exprimir a gratuidade de ser "outro", aceita-a como norma enquanto a alteridade fora, ela própria, fundamento da expressão.

Geralmente, os cientistas tendem a resolver o problema da gênese da linguagem simplesmente transpondo essa ordem de considerações e tomando os movimentos pela chamada convencionalidade da linguagem, que só pode ser concebida em uma perspectiva não dialética: essa convenção não pode ser mais que uma convenção "dada", operada, portanto, por um sujeito coletivo *a priori*. Nessa armadilha enredou-se, por exemplo, Silvano Arieti, a quem não obstante consideramos um dos mais interessantes teóricos de que se pode gabar a moderna psiquiatria. Sustentando, pois, a tese da convencionalidade originária da linguagem e, mais especificamente, que a convenção pode ser igualmente obtida mediante uma linguagem mímica ou emblemática, Arieti imagina a "situação teórica" em que um hominídeo, tentando suprir a ausência da mãe, se consola, na presença de dois outros pequenos hominídeos-símios, olhando uma pedra que sempre foi usada pela mãe:

> Excita-se, faz um gesto com as mãos que significa felicidade e emite o som 'ma-mãe' de uma maneira semelhante ao balbucio da criança pequena. Os outros dois pequenos hominídeos-símios acham-se perto dele e, num inesperado relâmpago de intuição, compreendem que a pedra, o gesto com as mãos e o som 'ma-mãe' significam mamãe para o primeiro filho. Verificou-se no mundo um grande acontecimento[4].

---

4. SILVANO ARIETI, *Interpretazione della Schizofrenia*, Milão, 1963, p. 263. Pode ser útil confrontar sob esse aspecto, a posição de Arieti com a de Iakobson, homóloga: «Como já disse, todo ato lingüístico individual pressupõe uma permuta. Não há transmissor sem receptor, salvo naturalmente quando o transmissor é um ébrio ou doente mental» (Roman Jakobson, *Op. cit.*, p. 11).
Outra recente obra científica onde o problema da gênese da linguagem é estabelecido de maneira bastante criticável é a de Theodore Thass-Thienemann, *La formazione subconscia del linguagio*, trad. it., Roma, 1968. Nesse estudo, transbordante de informações úteis, mas filosoficamente frágil, sustenta-se, avançando uma tese de origem estruturalista, que podemos nos ater, para apreender a natureza da «transmissão cultural cumulativa por via da linguagem», ao «fato empírico de que *o conjunto das expressões verbais que herdamos é arcaico e coletivo por sua natureza*.

Essa hipótese serve para justificar o sujeito unicamente enquanto social, e o significante unicamente enquanto esteja significando um objeto externo: com isso fica excluída a auto-significação do sujeito, implicando que a linguagem, necessariamente, serve para designar algo que já é objeto (tal como a "língua denominante" de Benjamin). Podemos convir em que uma determinada figuração, por exemplo, uma figuração gráfica, signifique "árvore". Sem dúvida, a associação entre a árvore, determinada e concreta, e a figuração que a representa comportam uma equivalência conceitual fundada na abstração. Do mesmo modo, a abstração da árvore em geral, graficamente representada, coloca um problema análogo ao primeiro. Entretanto, a figuração gráfica não deve necessariamente ser homóloga à original, nem mesmo no primeiro e mais simples caso de abstração, ou então pode sê-lo sem que nisto se insista, como acontece no ideograma. Antes de constatar que a escritura é posterior à linguagem, são esses bons motivos para acreditarmos que ela seja anterior. Contudo, por escritura não se deve entender, imediatamente, escritura de uma linguagem (nitidamente posterior), como aquela a que Lévi-Strauss confusamente se refere e que é condicionada pela própria escritura e sua evolução (cf. *Colloqui,* 28).

Na linguagem, a identificação propiciadora do objeto (cf. a acepção da equação *numen-nomen,* retomada em nosso ensaio sobre a hiperdeterminação) existe tão-somente na relação empreendida pela diferenciação, pelo estupor existencial em face do "outro": é identidade como função da diferença. A diferença gera a linguagem como autodiferença originária comportada pelo ato quando se trata de expressão fonética, mas a identidade que faz do diferente um obje-

---

Isso é inseparável de nossos processos mentais» (p. 15). Insinua-se assim a fatal e insuperável distinção entre aparência cultural e realidade natural. As conseqüências podem-se ver, por exemplo, quando o autor, tratando dos primeiros balbucios dos bebês, associa as preferências fonêmicas deles a um determinado grupo de significados (p. 42) e afirma que certas homologias notadas entre línguas diferentes revelam «uma secreta relação entre som e significado». Isso significa apenas que as reduzidas possibilidades fonêmicas dos bebês, por motivos fisiológicos semelhantes em todos os lugares, são empregadas, com o concurso determinante dos adultos, para significar aquelas mensagens mais essenciais e práticas para o relacionamento entre a criança e a sociedade em que vive. Superado o limite fisiológico, as línguas tendem cada vez mais a diferenciar-se, contradizendo as hipóteses da «secreta relação» e do conjunto de expressões verbais «coletivo por sua natureza». A linguagem que Thass-Thienemann define como coletiva é, na realidade, um conjunto de significados objetivados na perspectiva de uma concepção científica redutiva e a-histórica da psicanálise.

tivado "diverso", construído e propiciado, vacinação contra o estupor existencial do desdobramento, assegura à linguagem a repetibilidade.

Afirmamos que a linguagem nasce como relação dialética entre identidade e diferença, entre objeto e sujeito. À distância de milênios, podemos ter a sua contraprova. Quando o esconjuro do logos propiciatório não atinge mais o efeito desejado, o que aflora é a diferença entre o logos e a existência, entre o objeto e a palavra que o exorcizava: agora, precisamente enquanto instrumento identificador, a linguagem torna-se epifania da diferença. É o caso da racionalização, refutada como ilusória, da irredutibilidade de uma emoção, da vã nomeação do inominável. As *raízes* de Sartre debatem-se fora da linguagem, em *La Nausée* (A Náusea), e, ao emergirem dela, despedaçam-na, refutam a pausa, reabrem o estupor, dividem novamente o homem em dois, mas assim fazem justamente porque têm um nome e através do nome que têm, o nome que, nascido como diferença, funcionou depois como identidade. O sujeito redescobre a si próprio como dividido diante da autonomia (o "em si") do objeto, pois redescobre-se como consciência e, por isso mesmo, como alteridade em relação a si mesma. O estupor sartriano, ou seja, o senso do absurdo, passou através da identificabilidade do outro, encorajante e repetível até à saciedade, fornecido por aquela fundamental aceitação do diferente que é o nome; portanto, se num primeiro momento é análogo ao estupor sentido pelo hipotético indivíduo rugidor face à alteridade da expressão de si mesmo em que se transformou a sua iniciativa, num segundo o exorciza por meio do trabalhoso resgate verbal que é o trecho literário a que nos referimos a título de exemplo e que constitui o adiamento da conciliação dialética de sujeito e consciência.

Um outro exemplo da suspensão da função identificante e encorajante da nomeação e instrumentação da linguagem, no sentido de determinar um momento crítico que abra uma perspectiva sobre a gênese da própria linguagem (exemplo que retiramos de nossa proposta anterior, apresentada no estudo sobre Beckett), pode ser extraído de uma passagem de *Watt*, na qual o nome do objeto é consciente e ironicamente dissociado da experiência existencial do próprio objeto[5].

---

5. Cf. SAMUEL BECKETT, *Watt*, trad. it. Milão, 1967, pp. 83-4. Sobre esse ponto, parece-nos oportuno retomar brevemente o tema de uma discussão pública ocorrida com Edoardo Sanguineti sobre o valor integralmente parodístico atribuído por ele ao texto beckettiano. Continuamos na opinião de que, no passo em questão, a ironia de Beckett não é revolta contra o estupor existencialista sartriano, mas nasce direta e espontaneamente do voltar-se da linguagem denominante, enquanto tal, sobre si mesma. A posição é, pois, auto-irônica enquanto criticamente atenta ao fato de que o objetual, embora apresentado como irredutível, aparece, desaparece e torna a reaparecer, sendo novamente propiciado pelo logos. A inaptidão do logos para substituir o objeto, ou o silêncio, inaptidão congênita exatamente porque empregada para desvelar a gênese do próprio logos, constitui por sua vez o objeto da ironia beckettiana; e não a descoberta do «em si» do objeto como «outro» irredutível. A inaptidão do logos para esconjurar a nauseante independência da raiz sartriana é ainda a sua inaptidão para permanecer aderente ou conservar-se fiel à experiência da inominável caldeira beckettiana, sem transpô-la para uma nova conciliação, superante e provisória. Diremos que se trata, penosamente, de duas esfumaturas da mesma acusação contra a fácil e definitiva identificação objetivista inata à «língua dominante», ou à nominação como «significado». Também um excerto da correspondência mantida por nós com Beckett documenta claramente a ausência de qualquer retomada irônica do texto de Sartre, e portanto a paralela e independente experiência literária dos dois escritores: «Li *La Nausée* pouco depois de sua publicação, mas ela não esteve presente em meu pensamento durante a elaboração de *Watt*» (dezembro, 1968). Como o precedente, este segundo exemplo adotado vale, para todos os efeitos, para corroborar nossa tese.

CONCLUSÃO

O problema da relação contingência/estrutura foi recolocado, *mutatis mutandis,* quando tratamos da relação história/historiografia e diacronia/sincronia. Afirmando que o sincrônico é uma função do diacrônico, quer dizer, que a estase e a espacialização são uma função do movimento, da mesma maneira que o abstrato é uma função do concreto, não negamos o fato de que tanto o sincrônico quanto o diacrônico se refiram fundamentalmente a uma polaridade sincrônico-estática. A verdadeira diferença entre os dois "sistemas", ou seja, *a* diferença, reside na natureza diversa das duas relações, uma justapositiva, outra dialética: o diacrônico se refere a uma antítese sincrônica como a uma função, enquanto o sincrônico repousa em si mesmo, como sobre uma centralidade originária e essencial, objetiva. No "sistema" diacrônico, a consciência é a auto-hipostatização do sujeito, a sua função de Ser=Nada, momento estático da dialética do devir. Quando se afirma, com Sartre, que o homem é o produto da estrutura enquanto a supera, utiliza-se evidentemente uma concepção análoga da instrumentalização da estrutura, do estático-idêntico como função (e, portanto, produto instrumentalizado) do dinâmico-diferente, da estase como constitutivo-subalterna do movimento.

No "sistema" sincrônico, ao contrário, o processo de hipostatização é objetivado e absoluto, não porque falte ao espectador a consciência da estrutura, mas antes porque ele se reduz a pura consciência, interrompendo o diálogo (dialético e dinâmico) com o objeto. Mas o sujeito, ator da diferença, subsiste apenas numa relação dialética com a consciência que, por sua vez, subsiste fora de tal relação, postulando somente um sujeito que aja numinosamente pelo exterior: a relação entre sujeito e consciência é uma relação intersubjetiva. Dado um objeto absoluto, seja ele a estrutura ou a linguagem, o sujeito do homem não é excluído, o homem se reduz a consciência e, ao contrário, o objeto assume uma autonomia de sujeito. O mecanismo desse processo, bastante evidente no processo do nascimento do numinoso, pode ser igualmente demonstrado em relação ao nascimento da objetividade científica[1].

A teorização da diferença foi diferentemente colocada por Hegel, que na *Estética* afirma:

> O próprio absoluto torna-se *Objeto* do espírito, ao passo que o espírito procede ao nível da *consciência* e se *diferencia* em si como *ciente* e, ao contrário deste, como *objeto* absoluto do saber. Do ponto de vista do precedente estágio da finitude do espírito, o espírito, que vem a saber do absoluto como *Objeto* infinito que *se acha diante dele,* é determinado, por isso mesmo, como o *finito* que dele se diferencia. Na superior consideração especulativa, porém, é o *espírito absoluto mesmo* que, com o fim de ser para si o saber de si mesmo, se diferencia *em si* e destarte coloca a finitude do espírito, dentro da qual se torna objeto absoluto do saber de si (...) Este é o ponto pelo qual devemos principiar na filosofia da arte[2].

---

1. Cf. ALDO TAGLIAFERRI, *Op. cit.,* p. 14.
2. G. W. F. HEGEL, *Op. cit.,* p. 128.

A retomada desse aspecto da *Estética* implicaria uma defesa da parte mais caduca da filosofia hegeliana: Hegel, em defesa da dialética do Espírito, que "se diferencia em si", preocupado com a necessidade de justificar a arte como manifestação sensível do infinito, obumbra aqui o domínio do Espírito e de uma noção mais consciencial que histórica da diferença, ainda que alhures ele próprio tenha inaugurado a especulação histórica que deveria abrir o caminho para a esquerda hegeliana[3]. Do nosso ponto de vista, a consciência absoluta não se diferencia do inconsciente, pois *a ausência de subjetividade é a impossibilidade de diferir, do mesmo modo como o sujeito absoluto (cf. deus) não se diferencia do objeto porque deve diferir fundamentalmente da consciência de si:* a consciência pura é inconsciente, tal como o sujeito puro é objeto. À falta de uma relação autenticamente dialética e por isso intersubjetiva, entre sujeito e consciência, entre devir e estase do ser, entre liberdade e estrutura, apenas uma diversidade permanece inerte: a indiferença estruturalista entre sujeito e objeto, equivalente à sua diversidade dada, é, como procuramos demonstrar, uma mera objetividade absoluta, negação da intersubjetividade e de toda tentativa de unificação dialética de sujeito e consciência.

O problema da diferença, retomado e variamente enfrentado sobretudo pelos teóricos que através de Hegel aprenderam que "este é o ponto pelo qual devemos principiar na filosofia da arte", é elidido ou, de certa forma, não explicitado como tal nas teorias de numerosos estetólogos modernos, principalmente aqueles que teorizam uma estética de endereço semiológico e/ou cibernético: o "método" destes últimos preenche o vazio indiferente daqueles a quem aborrece prover-se sistematicamente de "dados". Mas o estetólogo ou o crítico de arte que tentam definir a obra de arte singular como um sistema de relações e encontram o sistema ora na chamada intencionalidade estética, ora numa determinada *Weltanschauung* (do artista, do fruidor ou de uma classe de fruidores), ora no confronto com uma norma ideal, vagueiam de fato

---

3. Que mesmo Marx haja considerado positivo, em mais de uma ocasião, o legado dialético hegeliano é indiscutível, mas isso em nada diminui o peso de certas críticas marxistas. Recorde-se, por exemplo, o que Marx sustentava na *Miséria da Filosofia*: «Mas o que é esse método absoluto? A abstração do movimento. O que é a abstração do movimento? O movimento no estado abstrato» (com o que se segue; *Op. cit.*, p. 143).

entre diversos tipos de objetivação possíveis ou, o que do nosso ponto de vista é a mesma coisa, entre diversos códigos em relação aos quais a obra se distinguiria pela novidade (improbabilidade) da informação de que seria portadora e adotam, exatamente como Lévi-Strauss, a espacialização como "método" antidialético que comporta a ausência do sujeito histórico: a intervenção do sujeito, quando não negada, é adiada *sine die*. Não há código, nem sistema de sinais, que possa explicar a diferença, a não ser *a posteriori,* quando ela já não é uma diferença. Se, como sustenta, por exemplo, Umberto Eco,

> a crítica estruturalista reduz o que *foi* um movimento (a gênese) ao que *será* um movimento (a infinidade das leituras possíveis), a modelo espacializado, porque somente em tal sentido pode deter o inefável que era a obra (como mensagem) no seu fazer-se (próximo aos destinatários)[4],

a história da arte torna-se contemporânea de mensagens substancialmente indiferentes.

Contra a tese de Eco, pugnaz avaliador de Aristóteles, vale a pena citar uma admirável passagem de Platão, onde se afirma, com o máximo de exatidão, que a diferença objetivamente dada não é uma diferença justamente por não ser atuada como tal:

> Uma coisa diversa de outra não deve tornar-se diferente de outra de que já o é, mas de outra de que já o é deve sê-lo, de outra de que se tornou teve de tornar-se, e de outra de que diferirá deverá diferir; mas de outra de que atualmente difere não pode diferir nem pelo fato de ter-se tornado diferente nem porque o será nem porque o é: diferente deve ela tornar-se, nem de algum modo pode ser[5].

O movimento que funda a diferença não *foi,* nem *será,* nem tampouco *é,* como pretende Eco, mas torna-se — e basta. Não há teoria do Espírito, nem teoria dos sistemas semiológicos, que possa transpor esta determinação: a autonomia da diferença, a sua auto-instrumentabilidade dialética, é a autonomia do homem enquanto sujeito histórico.

---

4. UMBERTO ECO, *Op. cit.,* p. 278.
5. *Parmênides,* 141 b.

DOIS CONCEITOS DE TRADIÇÃO

I. Aos críticos americanos mencionados na primeira parte deste ensaio não agrada serem considerados sob a insígnia do *New Criticism;* sustentam eles que as divergências existentes entre suas tomadas de posição são de tal forma relevantes que tornam muito genérico o denominador comum que aquela etiqueta implicaria. Aos críticos europeus em geral, ao contrário, parece que o *New Criticism* subentende um horizonte cultural muito claramente circunscritivo, e nós sustentamos que esse ponto de vista é legítimo precisamente enquanto se declare como perspectiva, como ponto de vista que define e sublinha constantes específicas entre as tomadas de posição fundamentais de determinados críticos americanos. No presente trabalho se esboça um esquema de parentesco somente entre Cleanth Brooks, Allen Tate, Yvor Winters e

101

W. K. Wimsatt Jr., sobretudo para não exceder os limites de um ensaio e evitar os inconvenientes da farta documentação necessária a quem desejasse adequadamente ilustrar as posições assumidas nos confrontos da "tradição" de um número maior de críticos. Essa delimitação não exclui a possibilidade de ser a exposição desenvolvida numa perspectiva em cujo centro se coloque um conceito de tradição, visando a compreender outros representantes do mundo acadêmico americano, como John C. Ransom, R. Penn Warren e os neo-aristotélicos de Chicago; quer-se antes, aqui, sugerir a oportunidade de ampliar a exposição nesse sentido.

O peso da influência exercida por I. A. Richards sobre a crítica dos anos 40 foi avaliada pelo tempo. Em síntese, ele lhe "institucionalizou os conceitos-chaves: a *imaginação,* o conceito de complexidade do *significado* da linguagem enquanto experiência e o espantalho da *stock response,* conceitos esses que deram origem, num sentido psicológico, à definição que os *new critics* dão da poesia em termos de *ironia, paradoxo, tensão* e *impureza*"[1]. A influência de Eliot é considerada igualmente relevante, porém mais atmosférica, menos facilmente identificável, e o fato de o próprio Eliot ter assumido a esse propósito uma posição explícita ("Não logro ver nenhum movimento que se possa dizer derivado de mim"[2]) complicou a questão. Que a influência de Eliot se tenha difundido através do sucesso alcançado por definições freqüentemente ambíguas e abertas a diversas interpretações (considerem-se as manipulações sofridas pelos conceitos de dissociação da sensibilidade ou de impessoalidade), e que ele tenha cuidado muito pouco da resolução das contradições em que percebeu incorrer, é fato hoje suficientemente documentado[3]. O assunto da primeira parte do presente estudo é o de sua influência, substancialmente redutível à aceitação de uma tradição, de um conceito específico de tradição.

Em seu estudo classificatório da crítica americana, S. E. Hyman observou a propósito de Eliot:

1. RICHARD FOSTER, «The Romanticism of the New Criticism», *The Hudson Review,* verão de 1959, p. 241.
2. T. S. ELIOT, *Sulla Poesia e sui Poeti,* Milão, 1960, p. 117.
3. Para o conceito de dissociação da sensibilidade, veja-se F. M. KUNA, «T. S. Eliot's Dissociation of Sensibility and the Critics of Metaphysical Poetry», em *Essays in Criticism,* XIII, n. 3, 1963. Esse conceito «pode aplicar-se corretamente tão-só à poesia moderna», e nada mais seria do que uma projeção da concepção que Eliot tinha da poesia.

Todos os fios de sua tradição aparecem detalhadamente em *O Bosque Sagrado,* exceto os Metafísicos, que compareceriam um ano depois (1921) em uma recensão da antologia da poesia metafísica, da responsabilidade de Grierson[4].

Poder-se-ia agora comentar que aos fios da tradição esboçada em 1920-1921 permaneram fiéis tanto Eliot quanto os *new critics* americanos. O regionalismo tradicionalista e conservador dos "fugitivos" sulistas é reconhecido, por exemplo, nas perspectivas eliotianas posteriormente elucidadas nas *Notas para uma Definição da Cultura,* onde entre outras coisas se sustenta que "o período em que vivemos é um período de declínio"; daquele biênio advém não apenas a defesa da poesia contra a ameaça da ciência positivista, que relegava a poesia à esfera da pura emotividade, como também a exaltação dos poetas metafísicos à custa dos românticos. É ainda bastante evidente que a fidelidade àquela tradição foi relativa: a norma da poesia metafísica, tornada a pedra de aferição de boa parte da crítica americana por volta dos anos 40, começou a dar resultados também na avaliação dos românticos e de alguns modernos (avaliação negativa somente para Winters, segundo o qual seria indiscutível "uma deterioração geral da qualidade da poesia a partir do início do século XVII"[5]), e o próprio Eliot, adensando a trama de seus fios, chegou a declarar pelo rádio, em 1937, que o "Independence and Revolution", de Wordsworth, e a "Ode on Dejection", de Coleridge, constituíam "a pedra de aferição da grandeza".

Mas não é aqui, na aplicação de um critério e de um gosto metafísico, ou pretensamente tais, que o ensinamento de Eliot deveria mais profundamente radicar-se, porém na aceitação de um conceito de tradição que desde o início se acompanhou de expressões de descrença ou desprezo pelo "declínio" da sociedade moderna.

Nos anos 30, quando a posição eliotiana começava a ser tomada como modelo, já Eliot dera um passo adiante, como se depreende da nova introdução a *O Bosque Sagrado,* de 1928 (ano de sua conversão oficial ao anglo-catolicismo, ao classicismo e à monarquia), introdução na qual lança luz sobre a direção de

4. STANLEY EDGAR HYMAN, *The Armed Vision*, Nova York, 1952, p. 84.
5. YVOR WINTERS, *In Defense of Reason*, Univ. of Denver Press, 1947, p. 13.

suas meditações, afirmando preferir a poesia de Dante à de Shakespeare porque a primeira lhe "parece ilustrar uma mais sadia disposição diante do mistério da vida". Esse novo passo parecia lógico a Eliot, e em todo caso não deixou de influenciar vários de seus epígonos, mas a escolha decisiva, o passo que deveria tornar necessários os movimentos sucessivos, estava já implícita na adoção do conceito de tradição ilustrado em *O Bosque Sagrado*. Reencontra-se a mesma visão estática e medievalizante em Tate, que não explicita as suas implicações religiosas ao definir a cultura como

o meio material por intermédio do qual os homens recebem a única verdade perdida que deve ser perpetuamente reencontrada: a verdade daquilo a que Jacques Maritain chama 'o destino supratemporal do homem'[6].

Eis os termos com que Winters define o ideal a ser oposto ao "decadente" experimentalismo moderno:

A poesia tradicional é a poesia que se esforça por utilizar a máxima quantidade possível de conhecimento e sabedoria, tanto técnica quanto moral (mas técnica apenas na medida em que não coloca obstáculos a essa moral), que se encontrem na poesia precedente[7].

Afinal Brooks, depois de haver ampliado a extensão da originária "tradição" eliotiana, interpretando os modernos, como Dickinson e Frost, em chave "metafísica" em seu primeiro livro, escrevia no prefácio a sua segunda obra:

Pretendi descortinar o resíduo que permanece — se algum permanece — depois de relacionarmos a poesia com a sua matriz cultural[8].

O que aqui está em jogo não é uma defesa do direito do artista em atingir a tradição, mas a reiterada afirmação de *um* conceito de tradição já claramente propugnado em *Tradição e Talento Individual*, o cé-

6. ALLEN TATE, *Saggi*, Roma, 1957, p. 25.
7. YVOR WINTERS, cit., p. 82.
8. CLEANTH BROOKS, «The Well Wrought Urn», *Harvest Book*, Nova York, 1947, p. X. Num exaustivo ensaio sobre Ransom («Sulle Teorie Poetiche di John Crowe Ransom», em *Studi Americani*, 1960) Remo Cescrani, depois de sublinhar que «arte e religião são constantemente colocadas no mesmo plano por Ransom», comenta: «É talvez também interessante acrescentar que tanto Ransom como Cleanth Brooks são filhos de pastores protestantes e que todos os dois — como o próprio Ransom admite — têm 'a. teologia no sangue'» (p. 314). Num estudo sobre as ascendências ideológicas do *New Criticism*, será oportuno levar em consideração essa reflexão, tanto mais quanto ela se apresenta sufragada por um comentário que encontramos num artigo de Austin Warren publicado em «Kenyon Review» na primavera de 1951. Ao tratar da figura de um pastor protestante que conheceu na juventude, Warren escreve: «Também ele devia ter uma certa habilidade para analisar os textos bíblicos (sem dúvida o arquétipo do nosso *close reading* dos textos)» (p. 226).

lebre ensaio contido em *O Bosque Sagrado*: a tradição é atemporal, desde que se renova na continuidade, e tradicional é o autor que possua "um sentido do extratemporal e do atemporal, e do extratemporal e do temporal juntos". As tomadas de posição supramencionadas se conformam, mais ou menos explicitamente, à definição eliotiana. A paradoxal atemporalidade da poesia determina o paradoxo paralelo pelo qual a poesia estaria e não estaria em relação "com a moral, com a religião e talvez até com a política": o comércio com o eterno delimita também uma *área* da poesia e torna possível a exposição sobre "poesia enquanto poesia", recorrendo a uma delimitação proposta por Aristóteles no início da *Poética,* onde ele declarava precisamente a intenção de ocupar-se

Mas a idéia de Eliot (com freqüência recorrente também em suas poesias) de uma relação que se coloca concomitantemente no tempo e fora do tempo, ao invés de justificar no plano lógico a possibilidade de criar uma obra nova, não redutível às ascendências ideológicas e às estruturas formais do passado, evita o problema transferindo-o para o plano místico. Diante da autenticidade do impessoal absoluto, a contribuição criativa do sujeito não se coloca sequer como livre-arbítrio, mas sim como eterno retorno consciente da tradição a si mesma (note-se a não surpreendente analogia com o tratamento que ao sujeito o estruturalismo de Lévi-Strauss deveria reservar) e como o apelo à extratemporalidade funda o juízo crítico sobre conceitos de que ela se nutre, todo conceito-chave de Eliot "remete" pontualmente à mesma escolha ideológica de natureza místico-religiosa: a teoria da impessoalidade denuncia o eu efêmero para exaltar a pessoa eterna, a teoria do drama acentua a necessidade de restaurar a liturgia religiosa, e assim por diante.

O paradoxo do devir na imobilidade é freqüentemente encontrado nos escritos influenciados por Eliot. Afirma Tate:

A pessoa viva é o poeta tradicional, a convenção mais a experiência individual; as roupas no sótão são só a convenção[9].

9. ALLEN TATE, *The Forlorn Demon*, Chicago, 1953. O texto do qual se extraiu esta citação é de 1936.

O que caracteriza esta frase é, ainda, o uso que nela se propõe do termo *tradicional* que, confrontado com as declarações precedentemente referidas de Eliot e do próprio Tate, subentende que o homem vive o seu próprio destino supratemporal e não um destino que ele livremente escolhe e constrói, independentemente das reduções de suas experiências passadas. Uma "tradição" que assimila o fazer do homem a uma ordem perfeitamente realizada na atemporalidade pressupõe uma escolha ideológica, e o que aqui se pretende sublinhar é que o crítico fiel ao conceito eliotiano de tradição subentende a aceitação de uma hipótese metafísica que se acha sempre presente na direção por ele imposta às suas exegeses dos textos. O *new critic,* exatamente como Eliot, toca ora o ponto da área poética (a poesia enquanto poesia), ora o da tradição. Sente-se seguro diante do texto porque se sente protegido pela garantida noção da objetividade da essência poética, à qual aplica, como se fossem manômetros ou instrumentos livres de qualquer impureza ideológica, os aparatos herdados de Richards ou semelhantes sistemas de relevo; e parece-lhe ter tirado do meio as deprecantes operações subjetivistas pelo simples fato de conferir, de uma vez por todas, à objetividade do texto aqueles atributos que Richards conferia à leitura. A acusação de desinteresse pelo dado histórico, que Brooks procurava afastar ocupando-se do resíduo que permaneceria "depois de havermos relacionado a poesia com sua matriz cultural", efetivamente não se sustenta: postos diante de um texto, um Brooks ou um Tate (e com mais razão Eliot, "em cujos primeiros ensaios os ataques contra o princípio historicista e os exemplos de acuidade ao expender juízos históricos coexistem estranhamente"[10]) recorrem à história, mas na medida e na direção escolhida para nutrir conceptualmente seus juízos críticos. Em apoio de sua luta contra o relativismo do juízo crítico, Wimsatt e Brooks sustentam:

> Um sentido de ordem, de hierarquia, de unidade no universo de nossa experiência (um sentido de finalidade, se é lícito mencionar esta palavra) pode fazer algo para dissipar a fria ilusão do substrato neutral, do inerte fundamento do bem e do mal[11].

10. GEORGE WATSON, *The Literary Critics,* Londres, 1962, p. 183.
11. WILLIAM K. WIMSATT JR. e CLEANTH BROOKS, *Literary Criticism: a Short History,* Nova York, 1957, p. 736.

Para nós essa posição parece aceitável somente se significar que *um* sentido da ordem não é *o* sentido da ordem e que *o* recurso à história não existe.

Eliot nunca se libertou das implicações inerentes a seu conceito de tradição, como demonstra o ensaio *As Fronteiras da Poesia* (1956), no qual o dúbio oscilar entre autêntica criação e tradição apresenta-se exasperado, e o triunfo desta última parece confiado à sábia meditação de um crítico tradicionalista:

> Sou até mesmo compelido a afirmar que em toda a grande poesia há alguma coisa que deve permanecer inexplicável, quão completo possa ser nosso conhecimento do poeta, e que antes de tudo isso é o mais importante. Quando nasce uma poesia, acontece uma coisa nova que não pode ser inteiramente explicada por *qualquer coisa ocorrida anteriormente*[12].

Mas depois de haver subtraído a poesia à tutela do passado, radicando-se embora numa tese irracionalista (*"deve* permanecer inexplicável"), Eliot se vê constrangido a fazer um pacto com as exigências da ortodoxia tradicionalista:

> É impossível apreciar plenamente uma poesia se ela não for compreendida: por outro lado, é igualmente verdadeiro que não podemos compreendê-la até o fundo se não a apreciamos. Quero dizer: devemos apreciá-la no justo grau, no justo modo, em relação a outras poesias.

Assim o círculo se fecha, deixando-nos no ponto de partida. Nada é mais eliotiano do que o emprego desse *justo,* que revela (como o emprego dos adjetivos *proper* e *just* em Winters) uma vocação para a ortodoxia e a tentativa de ocultar uma opção ideológica por meio de uma postura objetivista. Dá-se por pacífico que esteja claro *quem* deve estabelecer a justeza do grau, do modo, etc., e entrementes se introduz o recurso à imutável Natureza Humana, a abstração religiosa que constitui o ponto fundamental de todos os críticos que mencionamos:

---

12. Esta citação e as duas seguintes referem-se a *Sulla Poesia e sui Poeti, cit.,* pp. 124-130. Que tal posição haja levado Eliot e os seus epígonos americanos a uma situação de xeque análoga à de Croce já fora observado, por exemplo, por MURRAY KRIEGER em *The New Apologists for Poetry,* Minneapolis, 1956, pp. 136-137. Mas Krieger acha-se demasiadamente próximo aos *new critics* para chegar a formular claramente uma crítica de tipo estruturalista, em cuja direção todavia ele se move. Sobre a tentativa de René Wellek de resolver diversamente o problema da relação tradição-criação, veja-se nossa nota em *Aut Aut,* n. 53, 1959.

O que mais importa, ao ler uma ode de Safo, por exemplo, não é que eu me imagine um insular grego de há vinte e cinco séculos; importa, ao contrário, que eu faça uma experiência, a mesma para todos os seres humanos de qualquer época e língua, que me permita penetrar no âmago daquela poesia e apreciá-la, captar a centelha que atravessa aqueles dois mil e quinhentos anos.

Reconhecer que essa experiência não é a mesma, ou que não pode ser a mesma, significaria, naturalmente, fazer preciosas concessões à capacidade inovadora da intencionalidade subjetiva liberta dos penhores do passado[13].

No momento em que a técnica do *close reading*, às vezes aplicada de modo a deixar vagos os limites entre exegese e avaliação, atua como avaliação, ela se declara como ideologia. Mas, enquanto no caso de Eliot as implicações ideológicas estão constantemente presentes, e o paradoxo da ordem simultânea no qual se situariam as obras de todos os tempos se harmoniza com a concepção segundo a qual "o homem é homem porque pode reconhecer as verdades sobrenaturais, e não porque possa inventá-las"[14], os *new critics*, não obstante acatando o conceito eliotiano de tradição, aplicaram sua metodologia reivindicando uma objetividade, embora de fato encontrem aquilo que procuram e, conseqüentemente, nada encontram que interfira com o conceito de tradição sobre o qual essa metodologia se fundamenta. Debalde reconheceu Eliot a impossibilidade de "estabelecer uma linha limítrofe entre crítica e metafísica"[15]: a fórmula da poesia enquanto poesia, à qual aderiram também os neo-aristotélicos de Chicago, obteve sucesso justamente porque identifica uma terra-de-ninguém ideológica[16]. Se é verdade que não há motivo para a presunção de que as teses anti-humanistas de *After Strange Gods* (1934) e a caça à "intrusão do diabólico na literatura moderna", inaugurada por Eliot com essa sua obra, hajam constituído um artigo de fé para a nova crítica americana, é também verdade que

13. Cf. WIMSATT e BROOKS, *Literary Criticism*, cit., a propósito do significado que a Natureza Humana assume nos escritos de Tate: «Parece implícito nos seus escritos que a unidade fundamental do homem transcende as inumeráveis diferenças que separam homens de culturas e de épocas históricas diversas. Talvez essa perspectiva devesse ser expressa em termos mais explícitos, já que poderia constituir um pressuposto necessário quando quiséssemos começar um discurso sobre a poesia» (p. 678).

14. T. S. ELIOT, «Second Thoughts About Humanism», em *Selected Essays*, 3.ª ed., Londres, 1951, p. 485.

15. *Selected Essays*, p. 42.
16. R. S. CRANE expressou o acordo dos neo-aristotélicos com Brooks sobre esse ponto em *Critics and Criticism*, Chicago, 1952, p. 83.

a perspectiva identificante-edificante de *O Bosque Sagrado* não foi alterada durante décadas de *practical criticism*.

Num certo sentido, Eliot deu uma nova demonstração de sensibilidade histórica ao negar a si mesmo a paternidade da nova crítica americana: poderia tê-la atribuído a Tomás de Aquino. Com efeito, a possibilidade de julgar um texto literário como *objeto* de análise é garantida por uma interpretação tomista do pensamento aristotélico. Nos anos 20 Eliot louvava Aristóteles porque este, gênio universal, "em qualquer esfera de interesse contemplava única e firmemente o objeto"; nos anos seguintes, o pensamento neo-escolástico graças à mediação maiêutica de Jacques Maritain, dava o retoque final às teorias eliotianas, fornecendo à crítica americana o Aristóteles de que ela carecia: o defensor da metáfora e do conceito de universalidade que a metáfora aristotélico-tomista pressupõe. Em 1943, Winters sentenciava que o aquinense arquitetou

a mais radical e lúcida crítica da filosofia precedente jamais realizada, e o sistema moral e filosófico mais completo e defensável que, com toda a probabilidade, o mundo havia conhecido[17].

Não espanta portanto que Wimsatt e Brooks, na sua breve história da crítica, tenham podido harmonizar, sem dificuldade, os pontos de vista próprios com os de Eliot, Tate, Winters, Maritain e Susanne Langer. Quem aceita o conceito eliotiano de tradição carece de argumentos sólidos para opor-se à férrea coerência tomista de Wimsatt.

II. Na coletânea de ensaios de Harold Rosenberg traduzida em italiano sob o título de *La Tradizione del Nuovo** (Milão, 1964) não se encontram exemplos daquelas análises textuais que se tornaram o cavalo-de-

---

17. Y. WINTERS, *cit.*, p. 374. Quanto aos conceitos eliotianos de espacialidade e temporalidade, é claro que eles não derivam inteiramente dos estudos juvenis sobre Bradley, mas exatamente dos pressupostos aristotélicos criticados com agudeza pelo filósofo em *Aparência e Realidade*. Entre outros, é tipicamente aristotélico o preconceito que permite a Eliot «identificar» aquilo que permanece no fluir da tradição. Em seu documentadíssimo estudo sobre as relações entre Eliot e o filósofo idealista, Eric Thompson (*T. S. Eliot: the Metaphysical Perspective*, Carbondale, Ill., 1963) ressalta «certas tendências teológicas» (p. 55) nas recensões que Eliot escreveu entre 1916 e 1919, e não oculta «a impressão» de que a poética eliotiana seja «fundamentalmente aristotélica» (p. 57).

* Trad. bras.: *A Tradição do Novo*, São Paulo, Ed. Perspectiva, 1974 (Estudos 30).

-batalha da crítica acadêmica americana. Se a isto acrescentarmos que Rosenberg é sobretudo um crítico das artes figurativas, poderá parecer extravagante opor sua posição àquela que ilustramos na primeira parte deste trabalho, e contudo essa operação se torna legítima se retomarmos a noção de tradição, constatando como a posição de Rosenberg, apesar de isolada, constituiu uma verdadeira e convincente alternativa em relação à de Eliot. Os ensaios de Rosenberg não se propõem negar às exegeses acadêmicas da nova crítica um certo grau de coerência e utilidade, mas, subtraindo-lhes o álibi da objetividade, procuram descrevê-las como expressões de uma ideologia conservadora.

À concepção de tradição difundida nos Estados Unidos quando Eliot podia

atiçar contra a poesia uma turba de professores decididos a, sem apelo, sotopor à sua lógica o significado de uma imagem,

Rosenberg se opõe radicalmente. O procedimento que isola a obra artística para depois reduzi-la ao passado, a um conceito de ordem pré-constituído, entende a obra na medida em que esta é tradição, não enquanto é nova, e destarte não há uma *tradição do novo* senão como paradoxo, que Rosenberg refuta. Na atitude dos próprios artistas que se convertem à tradição depois de a ela se terem oposto, vê ele o perpetuar-se de uma contradição tão óbvia quanto ineliminável.

Nem a arte nem a crítica revolucionária podem escapar dessa contradição, com base na qual a arte é arte quando se opõe à arte, mas depois tende a firmar-se como a única autêntica e sincera (p. 65).

Em outras palavras, a subjetividade criadora e "revolucionária" salta do outro lado da barricada no momento em que faz do seu passado uma nova tradição, iludindo-se de estar empunhando as garantias objetivas para fazer funcionar o mecanismo da inovação. Rosenberg mostra-se hábil ao ilustrar a passagem do artista, ou do revolucionário em geral, à tradição e ao desmascarar as pretensões daqueles que gostariam de viver a expensas de seu passado e emoldurar na página dourada da Eternidade a sua contribuição à história da criatividade humana. O ato de emoldurar, de circunscrever, equivale à escolha de encarcerar-se na tradição, e essa escolha, enquanto implique uma tomada de posição objetivante, não pode ser senão a caricatura de um passado revolucionário, já que "os verdadeiros revolucionários não visam a uma postura, mas a algum ato específico, a algum fato ou a algum programa" (p. 63). Daí uma alternativa à qual debalde procura esquivar-se: ou nos detemos no passado ou nos movemos no futuro, e esse mover-se no futuro é um fazer específico, não uma tomada de posição[18].

Alguns dos novos fatos abordados em *La Tradizione del Nuovo,* principalmente a *action painting* americana, já entraram no panteão da tradição juntamente com as justificativas e avaliações que Rosenberg foi dos primeiros a acolher, mas os princípios críticos dos quais ele parte constituem ainda, a nosso ver, o fundamento de uma atividade literária metacriticamente inovadora. Comentaremos aqui, brevemente, três aspectos do conceito de tradição propugnado por Rosenberg: a recusa da "poesia enquanto poesia", o relevo dado à subjetividade na fruição crítica e, enfim, o papel atribuído à ação inovadora. As relações de interdependência que unem esses três aspectos de uma mesma impostação ideológica resultam tão estreitas quanto aquelas subtendidas pelos corolários do conceito eliotiano de tradição.

Por que então a crítica

não pode fundar-se na teoria de um único desenvolvimento, devendo ser antes polêmica e facciosa, propensa a atingir a arte com a afirmação daquilo que a arte se tornará? (p. 38).

Escorregando no plano inclinado das reduções ao passado, ao já observado, a crítica tende a ocultar o seu próprio "fazimento", o seu próprio ponto de vista, com um procedimento objetivante no momento mesmo em que viola a criação original, assimilando-a à tradição. A história da moderna crítica americana não pode ser entendida plenamente sem se levar em conta a influência exercida nos Estados Unidos por Maritain, um tradicionalista na acepção eliotiana do termo. E a Maritain, que "considera a poesia como uma atividade prática exercida numa perigosa relação com o espírito" (p. 73), que faz de Rimbaud um candidato

---

18. A firmeza com a qual ROSENBERG coloca esta alternativa é semelhante àquela com que POUND sempre sustentou o seu próprio *make it new.*

ao misticismo e dos poetas modernos uns nostálgicos do Espírito Absoluto (sem esquecer de incluir Eliot entre os artistas que seguiram "a justa direção voltada decisivamente para a poesia", p. 75), Rosenberg opõe uma concepção rigorosamente secular da poesia que leva em conta, num sentido humanístico, a aliança estabelecida entre poesia e ciência modernas para preencher o vazio deixado pela dissolução da autoridade e dos mitos antigos já liquidados pela história.

"Produzida por um profundo avanço na consciência e na liberdade humana", a arte moderna, tornada consciente de si pela proximidade do papel criativo e do papel crítico, torna-se "uma usurpação danosa à santidade" (p. 92).

Por outro lado, subtraída ao Absoluto, ela não mais se configura como campo de experiência mais ou menos privilegiado: "a arte não incorre nunca no erro de se considerar uma antítese" (p. 217). A resolução mesma é antítese, ou é objetivação, quando se abstrai, como já foi dito, enquanto atitude, e não enquanto ato específico.

Entre as críticas que Rosenberg faz a Maritain, adquirem particular interesse, a nosso ver, as concernentes à visão neo-escolástica da história. Nesta última se baseia a concepção segundo a qual a poesia, que contém um conflito de essências, alcançaria a sua própria harmonia, ou síntese, tão-somente no passado (por intermédio da ação da Igreja) ou no futuro, quando a poesia, segundo o irônico comentário de Rosenberg,

aprenderá a estar tranqüila. Esta concepção é exatamente o oposto daquela concepção histórica para a qual o movimento moderno toma impulso para uma síntese no momento mesmo em que a inspiração e o fazer superam pela primeira vez um *impasse* total (p. 82).

No primeiro caso a história reconduz a uma ordem pré-estabelecida, no segundo à possibilidade de superar, de quando em quando, a tradição; à via da Providência se opõe a da Liberdade. Já ressaltamos como a fixidez da perspectiva crítica pós-eliotiana é determinada ou por um explícito a-historicismo, ou por uma teoria do desempenho (geralmente apresentada sob o rótulo daquela *humildade* que Eliot recomendava aos artistas), permitindo ao crítico abstrair com freqüência, da situação histórica, os nexos que lhe pareçam significativos às finalidades da sua análise textual; acrescentemos agora que o crítico pode dedicar-se aos relevos sobre a taxa de metaforicidade do dado textual somente porque ele pressupõe poder separar os pontos com toda a sua cumplicidade na história. Os comentários de Rosenberg sobre recentes controvérsias inovadoras de políticos e artistas ressaltam constantemente, ao contrário, o alcance do *ato* criativo entendido como escolha consciente operada nos limites de circunstâncias específicas e opostas ao *destaque* tradicionalista e extratemporal: a história é

um drama no qual o auto-reconhecimento dos atores acontece como ato criativo que pode sobrevir somente graças à luta e nunca à contemplação (p. 125).

Limitando a exposição à situação da crítica, diremos, parafraseando Rosenberg, que, na crítica, o auto-reconhecimento do sujeito se verifica somente como fato criativo que se sobrepõe conscientemente a um outro fato criativo, e que tende a degenerar em atividade parasítica quando, como os burgueses travestidos de romanos de que fala Rosenberg, se ocultam por trás da máscara da não ação. Consideramos a crítica sob o ponto de vista objetivante a ponto de sustentar que a redução "tradicionalista" intervém tanto mais visivelmente quanto mais o sujeito pretende apreender a obra na sua presumível integridade.

Na breve introdução aos seus ensaios, adverte Rosenberg que há "circunstâncias em que a crítica não se pode dividir em crítica literária, artística, social", e essa premissa vale particularmente para seus dois ensaios mais profundos e diligentes (*Os Romanos Redivivos* e *Mudanças de Caráter no Drama*), onde são mais freqüentes as passagens do drama da história ao drama literário. No segundo desses ensaios os comentários sobre o *Hamlet* de Shakespeare vêm a propósito para facilitar um confronto com as teses que sobre a mesma obra Eliot desenvolveu em *O Bosque Sagrado*, bem como para individuar a relação em que se acham as duas posições ideológicas sobre as quais são construídas as teses opostas.

Para Eliot, como se sabe, *Hamlet* era "seguramente um insucesso artístico", com "cenas supérfluas e inconsistentes", e era uma tragédia ruim porque lhe

113

faltava o correlativo objetivo dos sentimentos de Hamlet; Eliot sublinhou a impossibilidade de "objetivar" esses sentimentos. Na realidade, Eliot, cuja interpretação Rosenberg não menciona explicitamente, aqui como alhures prefere não ver um correlativo objetivo que, aceito, teria contraditado sua concepção de tradição. As dificuldades que se encontram na tentativa de adequar em "justas" motivações os atos desse príncipe que se finge de louco, que não se deixa "identificar" e que, ao contrário, se compraz em solicitar todas as interpretações que para Eliot pareciam a contraprova da falência da tragédia, são dificuldades que paralisam quem quer que procure reconduzir a tragédia a uma sucessão de precisas relações aristotélicas de causa-ação-efeito, as quais para o leitor moderno resultam inevitavelmente ligadas ao problema da abertura de uma obra não mais governada pelas leis do cosmo clássico. Eliot procura punir, em Hamlet, o homem novo, não-clássico, que gaba sua própria e terrível liberdade de ação. Será útil observar que aqui Eliot aplica rigidamente um cânone contido na *Poética* aristotélica:

> Destas situações a pior é a daquele que, em plena consciência, está prestes a fazer e depois não faz, por ser repugnante e não trágica (segundo a tradução de Valgimigli, p. 123).
>
> Se não se arrisca a agir, não é por ser uma personalidade débil, mas por ser uma personalidade,

afirma, ao contrário, Rosenberg; e, tornando velhos com um só golpe não só a interpretação eliotiana, como também a concepção que se limita a confundir as suas premissas, sem contudo refutá-las, acrescenta que no Hamlet a "personagem se defende a si mesma do papel que deve interpretar". Até certo ponto, Hamlet se deixa identificar e começa a "interpretar o seu papel de autopurificação vingadora" (p. 118), mas só depois de ter dispersado aos quatro ventos o seu próprio antitradicionalismo. Hamlet não quer se resignar a trazer a máscara de Hamlet, põe em circulação correlativos objetivos falsos, e Eliot, fazendo sua a reprimenda de Cláudio, deplora os impulsos insensatos da juventude e decreta que "a emoção é excessiva em relação aos fatos que aparecem". A tendência a libertar-se dos mortos, com o risco de provocar outras mortes, não podia naturalmente gozar do beneplácito de Eliot, e em todo caso aceitar o Hamlet na base de hipótese, ou seja, reconhecer a dúvida como constitutivo da estrutura da obra, significaria romper a imagem daquela Natureza Humana que a História só deveria representar na sua integridade.

ÍNDICE ONOMÁSTICO

orno, T.W., 26 n., 36 n.
husser, L., 22.
eti, S., 92.
istóteles, 39 n., 57, 76, 100, 105, 109.

ckett, S.., 94, 95 n.
njamin, W., 85, 88, 93.
adley, F.H., 109 n.
ooks, C., 101, 104 n., 106, 108 n.
rri, A., 82.

ruso, P., 14 n., 25 n., 58.
serani, R., 104 n.
ang-Hsü, 73.
arbonnier, G., 24, 63-65.

Clouet, F., 66, 70.
Coleridge, T.S., 103.
Coomaraswamy, A.K., 81 n.
Crane, R.S., 108 n.
Croce, B., 80, 107 n.

Dante, 104.
Débord, G., 27 n., 43, 45 n.
Dickinson, E., 104.
Dorfles, G., 71 n.
Dufrenne, M., 17, 33, 78 n.

Eco, U., 17, 18, 63, 75, 76, 78 n., 100.
Einstein, A., 50.
Eliade, M., 21.
Eliot, T.S., 57, 67, 102-114.
Empson, W., 60, 61 n.
Évola, J., 23.

Fergnani, F., 22 n.
Foucault, M., 32 n., 54.
Foster, R., 102 n.
Freud, S., 60.
Frost, R. 104.

Gabel, J., 32 n.
Grierson, H.J.C., 103.
Guarini, R., 36 n.

Hegel, G.H.F., 29 n., 30, 63, 98, 99.
Horkheimer, M., 26 n..
Hyman, S.E., 102, 103 n.

Ingres, J.A., 76.

Jahangir (Moghul), 81 n.
Jakobson, R., 38, 39, 43-46, 48-51, 78, 92 n.
Jung, C., 57, 58, 59.

Kant, I., 89.
Krieger, M., 107 n.
Kuna, F.M., 102 n.

Langer, S., 109.
Le Bon, S., 32 n.
Lévi-Strauss, C., 7-100.

Maltese, C., 76 n.
Maritain, J., 104, 109, 111, 112.
Marx, K., 31, 34, 35, 60, 99 n.
Mauss M., 7, 50, 51, 53, 55-57, 59.
Merleau-Ponty, M., 14, 46, 47.
Morpurgo-Tagliabue, G. 39 n.

Penn-Warren, R., 102.
Peirce, C., 28.
Platão, 100.
Poliakoff, S., 82, 83.

Rafael, 82, 83.
Ransom, J.C., 102, 104 n.
Revel, J.-F., 12-14.
Richards, I.A., 102, 106.
Ricoeur, P., 89.
Rosenberg, H., 22, 109-113.

Sanguineti, E., 95 n.
Sartre, J.P., 9, 14, 19, 35-38, 87, 94, 95 n., 98.
Saussure, F. de, 88.
Shakespeare, W., 104, 113.
Simpson, G.G., 15.

Tagliaferri, A., 17 n., 98 n.
Tate, A., 101, 104, 105, 106, 108 n., 109.
Thass-Thienemann, T., 92 n. 93 n.
Thompson, E.. 109 n.
Tinianov, I., 38.
Todorov, T., 38, 39.
Tomás de Aquino, 109.
Tullio-Altan, C., 32 n.

Valgimigli, M., 114.
Vernet, J., 76.
Verstraeten, P., 90, 91.
Vinogradov, V., 39.

Warren, A., 104 n.
Watson, G., 106 n.
Watteau, A., 68.
Weimann, I., 61 n.
Wellek, R., 39, 107.
Wilde, O., 80, 82.
Wimsatt, W.K.Jr., 102, 106, 108 n., 109.
Winters, Y., 77, 101, 103, 104, 107, 109.
Wordsworth, 103.

Zolkiewski, S., 40, 41.

COLEÇÃO DEBATES

1. *A Personagem de Ficção*, A. Rosenfeld, A. Cândido, Décio de A. Prado, P. E. Salles Gomes.
2. *Informação, Linguagem, Comunicação*, Décio Pignatari.
3. *Balanço da Bossa e Outras Bossas*, Augusto de Campos.
4. *Obra Aberta*, Umberto Eco.
5. *Sexo e Temperamento*, Margaret Mead.
6. *Fim do Povo Judeu?*, Georges Friedmann.
7. *Texto/Contexto*, Anatol Rosenfeld.
8. *O Sentido e a Máscara*, Gerd A. Bornheim.
9. *Problemas da Física Moderna*, W. Heisenberg, E. Schrödinger, Max Born, Pierre Auger.
10. *Distúrbios Emocionais e Anti-Semitismo*, N. W. Ackerman e M. Jahoda.
11. *Barroco Mineiro*, Lourival Gomes Machado.
12. *Kafka: Pró e Contra*, Günther Anders.
13. *Nova História e Novo Mundo*, Frédéric Mauro.
14. *As Estruturas Narrativas*, Tzvetan Todorov.
15. *Sociologia do Esporte*, Georges Magnane.
16. *A Arte no Horizonte do Provável*, Haroldo de Campos.

17. *O Dorso do Tigre*, Benedito Nunes.
18. *Quadro da Arquitetura no Brasil*, Nestor Goulart Reis Filho.
19. *Apocalípticos e Integrados*, Umberto Eco.
20. *Babel & Antibabel*, Paulo Rónai.
21. *Planejamento no Brasil*, Betty Mindlin Lafer.
22. *Lingüística, Poética, Cinema*, Roman Jakobson.
23. *LSD*, John Cashman.
24. *Crítica e Verdade*, Roland Barthes.
25. *Raça e Ciência I*, Juan Comas e outros.
26. *Shazam!*, Álvaro de Moya.
27. *Artes Plásticas na Semana de 22*, Aracy Amaral.
28. *História e Ideologia*, Francisco Iglésias.
29. *Peru: Da Oligarquia Econômica à Militar*, Arnaldo Pedroso D'Horta.
30. *Pequena Estética*, Max Bense.
31. *O Socialismo Utópico*, Martin Buber.
32. *A Tragédia Grega*, Albin Lesky.
33. *Filosofia em Nova Chave*, Susanne K. Langer.
34. *Tradição, Ciência do Povo*, Luís da Camara Cascudo.
35. *O Lúdico e as Projeções do Mundo Barroco*, Affonso Ávila.
36. *Sartre*, Gerd A. Bornheim.
37. *Planejamento Urbano*, Le Corbusier.
38. *A Religião e o Surgimento do Capitalismo*, R. H. Tawney.
39. *A Poética de Maiakóvski*, Bóris Schnaiderman.
40. *O Visível e o Invisível*, M. Merleau-Ponty.
41. *A Multidão Solitária*, David Riesman.
42. *Maiakóvski e o Teatro de Vanguarda*, A. M. Ripellino.
43. *A Grande Esperança do Século XX*, J. Fourastié.
44. *Contracomunicação*, Décio Pignatari.
45. *Unissexo*, Charles Winick.
46. *A Arte de Agora, Agora*, Herbert Read.
47. *Bauhaus — Novarquitetura*, Walter Gropius.
48. *Signos em Rotação*, Octavio Paz.
49. *A Escritura e a Diferença*, Jacques Derrida.
50. *Linguagem e Mito*, Ernst Cassirer.
51. *As Formas do Falso*, Walnice N. Galvão.
52. *Mito e Realidade*, Mircea Eliade.
53. *O Trabalho em Migalhas*, Georges Friedmann.
54. *A Significação no Cinema*, Christian Metz.
55. *A Música Hoje*, Pierre Boulez.
56. *Raça e Ciência II*, L. C. Dunn e outros.
57. *Figuras*, Gérard Genette.
58. *Rumos de uma Cultura Tecnológica*, Abraham Moles.
59. *A Linguagem do Espaço e do Tempo*, Hugh M. Lacey.
60. *Formalismo e Futurismo*, Krystyna Pomorska.
61. *O Crisântemo e a Espada*, Ruth Benedict.
62. *Estética e História*, Bernard Berenson.
63. *Morada Paulista*, Luís Saia.
64. *Entre o Passado e o Futuro*, Hannah Arendt.
65. *Política Científica*, Darcy F. de Almeida e outros.
66. *A Noite da Madrinha*, Sergio Miceli.
67. *1822: Dimensões*, Carlos Guilherme Mota e outros.
68. *O Kitsch*, Abraham Moles.

69. *Estética e Filosofia*, Mikel Dufrenne.
70. *O Sistema dos Obietos*, Jean Baudrillard.
71. *A Arte na Era da Máquina*, Maxwell Fry.
72. *Teoria e Realidade*, Mario Bunge.
73. *A Nova Arte*, Gregory Battcock.
74. *O Cartaz*, Abraham Moles.
75. *A Prova de Gödel*, Ernest Nagel e James R. Newman.
76. *Psiquiatria e Antipsiquiatria*, David Cooper.
77. *A Caminho da Cidade*, Eunice Ribeiro Durhan.
78. *O Escorpião Encalacrado*, Davi Arrigucci Junior.
79. *O Caminho Crítico*, Northrop Frye.
80. *Economia Colonial*, J. R. Amaral Lapa.
81. *Falência da Crítica*, Leyla Perrone-Moisés.
82. *Lazer e Cultura Popular*, Joffre Dumazedier.
83. *Os Signos e a Crítica*, Cesare Segre.
84. *Introdução à Semanálise*, Julia Kristeva.
85. *Crises da República*, Hannah Arendt.
86. *Fórmula e Fábula*, Willi Bolle.
87. *Saída, Voz e Lealdade*, Albert Hirschman.
88. *Repensando a Antropologia*, E. R. Leach.
89. *Fenomenologia e Estruturalismo*, Andrea Bonomi.
90. *Limites do Crescimento*, Donella H. Meadows e outros.
91. *Manicômios, Prisões e Conventos*, Erving Goffman.
92. *Maneirismo: O Mundo como Labirinto*, Gustav R. Hocke.
93. *Semiótica e Literatura*, Décio Pignatari.
94. *Cozinhas, etc.*, Carlos A. C. Lemos.
95. *As Religiões dos Oprimidos*, Vittorio Lanternari.
96. *Os Três Estabelecimentos Humanos*, Le Corbusier.
97. *As Palavras sob as Palavras*, Jean Starobinski.
98. *Introdução à Literatura Fantástica*, Tzvetan Todorov.
99. *Significado nas Artes Visuais*, Erwin Panofsky.
100. *Vila Rica*, Sylvio de Vasconcellos.
101. *Tributação Indireta nas Economias em Desenvolvimento*, John F. Due.
102. *Metáfora e Montagem*, Modesto Carone Netto.
103. *Repertório*, Michel Butor.
104. *Valise de Cronópio*, Julio Cortázar.
105. *A Metáfora Crítica*, João Alexandre Barbosa.
106. *Mundo, Homem, Arte em Crise*, Mário Pedrosa.
107. *Ensaios Críticos e Filosóficos*, Ramón Xirau.
108. *Do Brasil à América*, Frédéric Mauro.
109. *O Jazz, do Rag ao Rock*, Joachim E. Berendt.
110. *Etc... Etc... (Um Livro 100% Brasileiro)*, Blaise Cendrars.
111. *Território da Arquitetura*, Vittorio Gregotti.
112. *A Crise Mundial da Educação*, Philip H. Coombs.
113. *Teoria e Projeto na Primeira Era da Máquina*, Reyner Banham.
114. *O Substantivo e o Adjetivo*, Jorge Wilheim.
115. *A Estrutura das Revoluções Científicas*, Thomas S. Kuhn.
116. *A Bela Época do Cinema Brasileiro*, Vicente de Paula Araújo.
117. *Crise Regional e Planejamento*, Amélia Cohn.
118. *O Sistema Político Brasileiro*, Celso Lafer.
119. *Êxtase Religioso*, Ioan M. Lewis.

120. *Pureza e Perigo*, Mary Douglas.
121. *História, Corpo do Tempo*, José Honório Rodrigues.
122. *Escrito sobre um Corpo*, Severo Sarduy.
123. *Linguagem e Cinema*, Christian Metz.
124. *O Discurso Engenhoso*, António José Saraiva.
125. *Psicanalisar*, Serge Leclaire.
126. *Magistrados e Feiticeiros na França do Século XVII*, Robert Mandrou.
127. *O Teatro e sua Realidade*, Bernard Dort.
128. *A Cabala e seu Simbolismo*, Gershom G. Scholem.
129. *Sintaxe e Semântica na Gramática Transformacional*, A. Bonomi e G. Usberti.
130. *Conjunções e Disjunções*, Octavio Paz.
131. *Escritos Sobre a História*, Fernand Braudel.
132. *Escritos*, Jacques Lacan.
133. *De Anita ao Museu*, Paulo Mendes de Almeida.
134. *A Operação do Texto*, Haroldo de Campos.
135. *Arquitetura, Industrialização e Desenvolvimento*, Paulo J. V. Bruna.
136. *Poesia-Experiência*, Mario Faustino.
137. *Os Novos Realistas*, Pierre Restany.
138. *Semiologia do Teatro*, J. Guinsburg e J. Teixeira Coelho Netto.
139. *Arte-Educação no Brasil*, Ana Mae Barbosa.
140. *Borges: Uma Poética da Leitura*, Emir Rodríguez Monegal.
141. *O Fim de Uma Tradição*, Robert W. Shirley.
142. *Sétima Arte: Um Culto Moderno*, Ismail Xavier.
143. *A Estética do Objetivo*, Aldo Tagliaferri.
144. *A Construção do Sentido na Arquitetura*, J. Teixeira Coelho Netto.
145. *A Gramática do Decamerão*, Tzvetan Todorov.
146. *Escravidão, Reforma e Imperialismo*, Richard Graham.
147. *História do Surrealismo*, Maurice Nadeau.
148. *Poder e Legitimidade*, José Eduardo de Oliveira Faria.
149. *Práxis do Cinema*, Noël Burch.
150. *As Estruturas e o Tempo*, Cesare Segre.
151. *A Poética do Silêncio*, Modesto Carone Netto.
152. *Planejamento e Bem-Estar Social*, Henrique Rattner.
153. *Teatro Moderno*, Anatol Rosenfeld.
154. *Desenvolvimento e Construção Nacional*, S. N. Eisenstadt.
155. *Uma Literatura nos Trópicos*, Silviano Santiago.

Este livro foi composto
na Linoletra e impresso na
Planimpress